AF439006

EXCURSION

DE LA SOCIÉTÉ LINNÉENNE

A CAZENEUVE (GIRONDE)

(Procès-Verbal de la 50ᵉ Fête Linnéenne, 27 Juin 1867).

Un demi-siècle s'est écoulé depuis la fondation de la Société Linnéenne et, dans le but de fêter cet anniversaire solennel, nous devons nous réunir à la gare Saint-Jean, à cinq heures du matin, pour une excursion projetée dans la vallée du Haut-Ciron. Plusieurs jeunes invités, effrayés sans doute par quelques gouttes de pluie qui tombent de temps à autre, s'abstiennent de paraître au rendez-vous; mais les sociétaires, plus entreprenants, arrivent, à l'heure fixée, au nombre de sept, savoir :

MM. Ch. Des Moulins, président; Raulin, vice-président; Linder, secrétaire général; de Kercado, trésorier; Souverbie, Lespinasse et Samy, membres du conseil et titulaires;

Auxquels se joignent : MM. Lambertie, aide-adjoint du Musée d'Histoire naturelle de Bordeaux, et Albéric de Berjon, étudiant à la Faculté des sciences.

A Langon, nous sommes rejoints par MM. Théry, médecin ; Belloc, greffier de la Justice de paix, et Goua, tous trois botanistes, lesquels portent à douze le nombre total des excursionnistes.

Quand nous atteignons Bazas, la pluie tombe avec une telle violence, que quelques membres, découragés, proposent de renoncer à l'excursion; mais leur proposition n'est pas adoptée et l'on se contente de modifier l'itinéraire : au lieu de visiter les rives du Ciron, entre Beaulac et Cazeneuve, on se rend directement dans cette dernière localité pour en explorer les environs.

Arrivée à Cazeneuve, et la pluie ayant enfin cessé, la Société se divise en deux groupes : les entomologistes et les malacologistes, auxquels l'orage de la matinée ne laisse que fort peu d'espoir de récolte, se joignent aux paléontologistes et aux géologues pour visiter les falaises et les carrières des bords du Ciron.

De leur côté, les botanistes, bravant l'humidité des pelouses et les épines des broussailles, parcourent les bois qui s'étendent entre le pont de Cazeneuve et le moulin de Lauvergne. Le nombre de plantes qu'ils ont recueillies n'a pu être que restreint, vu la faible étendue de leur excursion ; celle-ci a pourtant offert quelques observations intéressantes, qui se trouvent consignées dans la note suivante que nous devons à l'extrême obligeance de notre collègue, M. Lespinasse.

« Les bords du Ciron, dans la partie où nous herborisons, sont très-accidentés, et la petite rivière encaissée dans de hautes falaises, a un aspect sauvage des plus remarquables.

» A quelques minutes du pont de Cazeneuve, sur un terrain descendant vers le Ciron, nous récoltons *Anemone pulsatilla* L., en fruits, et *Phleum Bœhmeri* Webel. Tout à côté, sur un tertre pierreux où la roche est à nu, se trouve *Geranium sanguineum* L., en compagnie de diverses autres plantes des terrains calcaires où figure abondamment *Teucrium Chamœdrys* L.

» En suivant la falaise, on arrive à une carrière abandonnée, entourée, en quelque sorte, d'une ceinture d'*Astragalus glyciphyllos* L. Sur des débris entassés, à l'époque où cette carrière était en exploitation, se développent de vigoureuses touffes de *Biscutella lævigata* L., sous les deux formes, désignées comme variétés β. *dentata* et γ *intermedia*, par MM. Grenier et Godron. Nous trouvons dans nos échantillons diverses formes intermédiaires qui prouvent le peu de valeur de ces deux variétés. Cette plante, d'un intérêt assez médiocre, nous a cependant offert ceci de remarquable, que, dans un terrain meuble et profond, sa racine atteint une longueur vraiment extraordinaire. Une de celles que nous avons arrachées, ayant à peu-près la grosseur du petit doigt, mesurait 1 mètre 50 au moins.

» Mais le fait le plus intéressant de l'excursion est, sans contredit, la constatation *à l'état spontané* de magnifiques hêtres (*Fagus sylvatica* L.) plus que séculaires. Ces beaux arbres, au nombre d'une douzaine environ, ont crû sur un terrain tourmenté et tellement abrupte et sauvage, que toute idée de plantation est de suite écartée. Aucun d'eux n'est sur le même plan et la différence de niveau est parfois de 5 à 6 mètres. Ils sont dans des sortes de fondrières rocheuses, d'un abord assez difficile et où certes personne n'a pu avoir l'idée d'aller les planter ou les semer. Rien, bien sûr, n'a été planté sur le terrain où nous sommes, et les chênes (*Quercus pedunculata* L.), ainsi que les tilleuls (*Tilia sylvestris* Desf.) qui font aussi partie de ces restes de quelque grande forêt, sont tout aussi spontanés que les hêtres. Il n'y a d'ailleurs rien d'impossible dans un pareil fait ; les hêtres et les tilleuls préfèrent, il est vrai, les pays montagneux, mais on les rencontre aussi en plaine dans presque toutes les grandes forêts de la France. Et puis, les bords du Ciron ont ici quelque chose d'âpre et de sauvage, qui rappelle tout-à-fait l'aspect des basses montagnes. Nous ne sommes pas les seuls, du reste, qui ayons été frappés de la physionomie singulière de ce paysage. Un artiste éminent, notre compatriote et ami, M. Léô Drouyn, auteur du magnifique ouvrage, auquel il a donné le nom de *Guienne Militaire*, s'exprime ainsi à propos du château de Cazeneuve (1) :

« ..... Le château de Cazeneuve est une immense habitation, située » dans un lieu on ne peut plus solitaire, au milieu d'une vaste forêt de » chênes et de pins, sur le bord d'une étroite rivière, encaissée entre de » hauts rochers et recouverte de grands arbres, formant au-dessus de » l'eau une voûte de verdure. *Nulle part ailleurs on ne trouve une végé-* » *tation plus luxuriante, des arbres aussi grands et aussi gros.* »

» Ici, nous quittons ce site pittoresque et les bords du Ciron, pour suivre, dans les bois, le chemin qui conduit au moulin de Lauvergne.

» Nous récoltons, dans le trajet, *Thlaspi arenarium* Jord., en fruits, *Polygonatum vulgare* Desf., aussi en fruits ; puis, reparaît, assez abondante, *Anemone pulsatilla* L., et plus loin, près du moulin, vient s'ajouter aux plantes déjà cueillies, *Epipactis latifolia*. Sur un mamelon qui s'élève au bord du Ciron, en face du moulin de Lauvergne, se trouvent quelques chênes, *Quercus pedunculata* L., sur les racines desquels vit et croît en abondance le *Limodorum abortivum* Swartz, orchidée peu commune dans notre département. Un arbuste charmant, *Lonicera xylosteum* L., balance ses jolies baies rouges sur les eaux limpides du Ciron, et, à ses pieds, dans le sable humide, croît le *Scirpus pungens* Vahl, le *Veronica anagallis* L. et tout le groupe des plantes aquatiques vulgaires.

» C'est ici que finit notre excursion et, faute d'une autre route, nous reprenons celle que nous venons de suivre. Au moment d'arriver, nous trouvons dans un chemin boueux, près du château, *Centaurea aspera* L.

---

(1) L. Drouyn : *Guienne militaire*, t. II, p. 270.

qui se rencontre rarement aussi loin des bords de la Garonne. Entre les pierres du pont pittoresque de Cazeneuve, nous prenons, comme simple souvenir de ce lieu charmant, une petite fougère, hélas! bien commune, *Asplenium ruta muraria* L.

« Plus tard, à Préchac, où nous devons dîner, et avant de procéder à cet acte important, nous récoltons encore, au bord de la route, *Sisymbrium Sophia* L., et, entre les pierres d'un contrefort de l'église que nous sommes allés visiter, en attendant l'heure du repas, la singulière forme du *Chelidonium majus* L., dont Miller (Diction. n° 2) avait fait une espèce, sous le nom de *Chelidonium laciniatum*. »

Pendant que les botanistes faisaient cette excursion, M. Ch. Des Moulins, tout en cherchant des fossiles, recueillait aussi quelques plantes, savoir (1) :

« *Dœdalea betulina* Rebent, — Duby, Bot. gall. n° 13. (Falaise du Ciron, près du pont de Cazeneuve, sur une vieille souche de chêne).

« *Parmelia crassa* Achar. — Fries. (*Squammaria crassa* DC. Fl. Fr. n° 1017). (En larges et nombreuses plaques confluentes, sur un mur, près du pont, *id.* ; fructifications abondantes).

« *Equisetum ramosun* Schleich. — DC. Fl. Fr. suppl. n° 1457 β. — Gr. et Godr. Fl. Fr. — Duval-Jouve. — (*Equis. multiforme* Vaucher. — Var ε *ramosum* Duby, Bot. — *Equisetum elongatum* Willd., var α *vulgare* (pro parte) Pokerny). — (Falaise calcaire du Ciron, près le pont, *id.*).

« *Crepis virens* L. — CC dans les haies et au bord des chemins autour de Cazeneuve.

« *Rosmarinus officinalis* L. — Falaise du Ciron, près du pont, *id.* ; sans fleurs. (Simplement naturalisé).

« *Geranium sanguineum* L. — Falaise calcaire et herbeuse du Ciron, près le pont, *id.* — C.

» *Reseda phyteuma* L. — Pont de Cazeneuve. »

Il résulte des détails qui précèdent que l'excursion de Cazeneuve a dû être principalement paléontologique ; car, au point de vue de la géologie, Cazeneuve, tant dans les rochers qui forment les falaises du Ciron que dans les carrières qu'on exploite dans son voisinage, n'offre

---

(1) Note de M. Ch. Des Moulins.

partout à l'œil que du *falun de Bazas*, peu différent de celui qu'a si bien décrit M. Ch. Des Moulins, dans le procès-verbal de la 49ᵉ Fête Linnéenne (28 juin 1866) et dont l'analogue se retrouve à Bazas, Saint-Côme, Nizan et Villandraut.

Près du pont de Cazeneuve, s'élève une petite falaise, formée par un calcaire grossier coquillier, jaunâtre, dans lequel les fossiles abondent à l'état de moules et d'empreintes souvent très-bien conservées. L'espèce dominante y paraît l'*Avicula phalœnacea* Lam., lequel s'y trouve parfois en tel nombre, qu'il constitue en quelque sorte la roche à lui seul. Les autres espèces recueillies en ce point sont (1) :

Flustra sp ?;	*Vermetus arenarius* L.;
Spirorbis tricarinatus Des Moul.;	— — Var. D *sulcatus* Lam.;
Corbula carinata Duj. (2);	
Venus multilamella Lam.;	*Monodonta Araonis* Bast.;
Arca diluvii Lam. (3);	*Turritella Desmarestina* Bast.;
— *clathrata* Def.;	*Cerithium plicatum* Brug.;
Chama gryphoides L.;	— *Papaveraceum?* Bast.

A 1,500 mètres, en amont du pont, est une carrière dans laquelle le *calcaire marin de Bazas* est très-intéressant à étudier. Cette carrière, exploitée à ciel ouvert, est une excavation, en forme de quart de cercle, d'une profondeur d'environ 5 mètres et d'un développement circulaire de plus de 30 mètres. La roche s'y compose de successions de couches d'une consistance et d'une structure très-différentes : les couches supérieures, immédiatement recouvertes par une faible épaisseur de sable des Landes, sont de même nature que celles qui constituent la falaise dont il vient d'être question ; elles sont formées par des accumulations de coquilles agglomérées par un ciment spathique brillant et mélangées de grains, en proportions très-variables, de quartz hyalin incolore, très-fin. Comme à Bazas et dans d'autres localités, les parties calcaires sont jaunes ou jaunâtres, rarement blanches. La quantité de quartz paraît augmenter dans les couches inférieures ; souvent alors la roche devient très-dure et prend une teinte gris-cendré ou bleu d'ar-

---

(1) Voir l'Appendice dû aux savantes recherches de M. Ch. Des Moulins.

(2) Ce fossile est assez fréquent dans le falun de Léognan. — Voir la liste des principaux fossiles de ce falun, dans les notes géologiques sur l'Aquitaine, de M. Raulin, t. II, p. 57.

(3) Le *C. plicatum* se trouve quelquefois dans les couches supérieures du calcaire à Astéries, p. ex. à Saint-Morillon, où j'en ai trouvé de belles empreintes.

doise, qui est due à une matière organique de nature particulière ; les fossiles *complets*, autres que *Psammobia Labordei* y sont rares, mais non les débris de coquilles dont la blancheur contraste avec la couleur de la pâte. — Cette nature de roche est assez fréquente dans le falun de Bazas, et nous l'avons observée dans diverses localités (Préchac, Villandraut, Uzeste, Saint-Côme, Aubiac, etc.), partout présentant les mêmes caractères de structure et de composition, et souvent la même pauvreté en fossiles déterminables.

Dans le fond de la carrière, le calcaire devient sableux, jaune-ocreux et tendre, et les fossiles y sont plus rares encore que dans les calcaires bleus. Il présente, sous le rapport du facies, une très-grande analogie avec certaines couches exploitées du falun de Léognan, et, quoique peu consistant et même friable, il durcit à l'air et paraît employé comme pierre de taille dans les villages environnants.

L'âge du falun de Cazeneuve ne saurait faire l'objet d'un doute, qu'on l'établisse stratigraphiquement ou par les fossiles qu'il contient.

Si l'on remonte en effet le Ciron, depuis son embouchure dans la Garonne jusqu'à Cazeneuve, on observe d'abord le calcaire à Astéries à Barsac, Bommes et Pujols ; ensuite, au-dessus de ce dernier, des molasses marines et des marnes, auxquelles succèdent un calcaire lacustre, près de Villandraut, puis un calcaire grossier marin ; — en un mot on y trouve la reproduction exacte des coupes classiques de Sainte-Croix-du-Mont et de Langon à Bazas. Le calcaire de Cazeneuve appartient à l'assise *marine* supérieure de ces coupes ; son assimilation avec le calcaire grossier de Bazas est donc incontestable.

Les fossiles conduisent au même résultat, ainsi qu'on peut s'en assurer par la liste suivante, que nous devons à notre président, M. Ch. Des Moulins (1), et dans laquelle, à la suite de chaque nom, nous avons indiqué l'étage géologique où le fossile a été déjà trouvé antérieurement :

Porites incrustans Defr. (falun de Mérignac et calcaire à Astéries);

Flustra sp.? (espèce qui est répandue indifféremment dans tous nos dépôts miocènes);

Spirorbis tricarinatus Des Moul. (faluns de Mérignac et de Léognan);

Balanus sp.? ;

Creusia Rangii Des Moul. (falun de Mérignac);

Solen legumen L.? ;

Lutraria sanna Bast. (faluns de Mérignac et de Bazas, Saucats, Martillac, etc.);

Mactra triangula Renieri, (faluns de Bazas, de Léognan et de Salles);

---

(7)

Corbula carinata Duj. (faluns de Mérignac et de Léognan) (1);

Saxicava arctica L.;

Psammobia Labordei Bast. (faluns de Mérignac et de Bazas, le Haillan);

Lucina leonina Bast. (falun de Mérignac);

— *globulosa* Desh. (falun de Mérignac, à Martillac; — calcaire à Astéries);

Venus multilamella Lam. (falun de Mérignac);

— *Aglauræ* Grong. (falun de Mérignac, à Martillac et à Saucats; — calcaire à Astéries);

Cardium discrepans Bast. (faluns de Mérignac et de Léognan; — calcaire à Astéries);

Arca cardiiformis Bast. (falun de Mérignac);

— *diluvii* Lam. (falun de Léognan);

— *clathrata* Def. (falun de Mérignac);

Chama gryphoides L.;

— *gryphina* Lam. (falun de Bazas; — calcaire à Astéries);

Lithodomus lithophagus L., (a vécu à toutes les époques tertiaires, depuis l'éocène parisien, et se trouve encore, de nos jours, dans les mers des deux hémisphères) (2);

Lithodomus cordatus Lam., (même observation que pour le précédent, sauf en ce qui concerne son existence à l'époque actuelle);

Mytilus oblitus Michelotti, (falun de Mérignac et calcaire à Astéries);

Avicula phalænacea Lam. (falun de Léognan);

Pecten Beudanti Bast. (faluns de Bazas et de Léognan);

Ostrea undata Lam. (falun de Bazas, Sainte-Croix-du-Mont, Noailhan, Villandraut) (3);

— *producta* Raulin et Delbos, (falun de Bazas, Sainte-Croix-du-Mont, Uzeste, molasse de Saint-Macaire) (4);

Anomia costata Bronn?;

---

(1) V. Raulin : Notes géologiques sur l'Aquitaine, t. II, p. 57.

(2) Appendice au Procès-verbal, Actes, page 220; tirage à part, 40.

(3) V. Raulin : *loc. cit.* p. 54.

(4) Les molasses et les marnes à *Ostrea producta* apparaissent, près de Saint-Macaire, un peu au-dessus des carrières de Lavison, au point où la route de Verdelais se bifurque en deux branches, l'une se dirigeant vers Langon, l'autre vers Saint-Macaire. Vers le sommet du coteau, on trouve quelquefois dans la terre végétale des blocs de calcaire qui renferment *Ostrea undata* Lam ; mais ce calcaire n'affleure nulle part.

Les molasses de Saint-Macaire ont été signalées, dès 1862, par notre collègue M. Tournouer. (Bulletin de la Soc. géol. de France, 2e série, t. XIX, p. 1056). J'ai constaté qu'elles se poursuivent, au nord de Cadillac, jusque dans les communes de Laroque et d'Omet, où quelquefois on les observe au-dessous du diluvium.

Neritina subconcava D'Orb. ;

Natica pseudoepiglottina Sismonda ? ;

— *elongata* Michelotti, (falun de Bazas, Saint-Morillon);

Vermetus arenarius L. ;

—   —   Var. D *sulcatus* Lam. ;

Trochus Boscianus Brong. ;

— *Moussoni* Mayer ;

Monodonta modulus Lam. ? (falun de Mérignac);

— *Araonis* Bast. ;

Phasianella subpulla D'Orb. ? ;

Turritella Desmarestina Bast. (falun de Bazas, à Uzeste ; — calcaire à Astéries,
à Rions et à Saint-Germain-du-Puch);

— *simplex* Grat. ;

— *marginalis* Brocchi ? ;

Cerithium plicatum Brug. ? (falun de Mérignac, molasse de Saint-Morillon
et de Saint-Selve ; — calcaire à Astéries de Saint-Morillon);

Fusus mitræformis Brocchi ;

Myristica cornuta Agassiz ;

Triton subcorrugatum D'Orb. ? ;

Nassa asperula Brocchi ;

— *Caronis* Brong. (falun de Mérignac et de Léognan).

La majeure partie de ces fossiles identifient, de la manière la plus complète, le calcaire de Cazeneuve avec les faluns de Mérignac et de Bazas (1).

Un autre fait, déjà signalé ailleurs, ressort encore d'une manière frappante du tableau qui précède : la persistance avec laquelle certaines espèces se sont propagées, sans altération, d'un étage géologique à un autre, et quelquefois, à travers plusieurs étages, jusqu'à l'époque actuelle.

Lucina globulosa, Venus Aglauræ, Cardium discrepans, Chama gryphina, Mytilus oblitus, Turritella Desmarestina, Cerithium plicatum, Porites incrustans et certains bryozoaires, appartiennent en effet à la fois au calcaire à Astéries et au falun de Bazas;

Spirorbis tricarinatus, Cardium discrepans, Arca diluvii, Corbula carinata, Avicula phalænacea, Pecten Beudanti se trouvent dans le falun de Bazas et dans celui de Léognan;

---

(1) Voir le procès-verbal de la 49ᵉ fête Linnéenne par M. Ch. Des Moulins,
t. XXVI des Actes, pour ce qui concerne l'assimilation de ces deux faluns.

(9)

Mactra triangula s'observe depuis le falun de Bazas jusque dans celui de Salles (1) ;

Enfin *Lithodomus lithophagus* et *L. cordatus*, qui apparaissent déjà dans le calcaire éocène parisien , ont traversé, depuis lors, toute la période tertiaire; nous voyons même le premier vivre encore dans les mers actuelles des deux hémisphères (2).

Après le dîner, qui a lieu à Préchac, on reprend la route du chemin de fer, que l'on doit rejoindre à la station de Nizan-Villandraut. En passant le Ciron , sur le pont de la Trave, et, avant de quitter le pays qu'ils viennent de parcourir, quelques-uns d'entre nous , qui ont pris l'avance, s'arrêtent saisis d'admiration devant la vue qui se déroule à leurs yeux : de hautes falaises , moussues et couronnées d'arbres et de buissons verdoyants, encaissent la rivière, dont les eaux, d'une admirable limpidité, bruissent gaiement de rocher en rocher, en se donnant des airs de torrent; à leur pied se dressent les murs noircis d'une forge silencieuse, à demi cachée par un rideau de verdure; plus loin, un réservoir, aux bords escarpés et mystérieusement ombragés, écoule son trop plein, en remplissant l'air d'un son argentin. L'aspect de ce lieu, perdu au milieu des Landes, est d'autant plus saisissant, qu'il est plus imprévu et qu'il contraste davantage avec celui du pays sévère et monotone qui l'entoure.

A Uzeste, où nous nous arrêtons un instant, nous visitons l'église, monument historique très-remarquable , qui renferme le tombeau

---

(1) On y peut ajouter *Lucina columbella*, dont j'ai trouvé de beaux échantillons dans les faluns libres de Salles.

(2) Cette conclusion n'est pas généralement admise : suivant M. Pictet, (Traité de Paléontologie, 1855, t. III, p. 584), ces fossiles (*Lithodomus sublithophagus* D'Orb. et *Modiola cordata* Lam.) appartiendraient au calcaire grossier, — et le *L. lithophagus* L. qui est le lithodome actuel le plus commun, ne se retrouverait fossile que dans les terrains pliocènes.

Le même auteur fait encore remarquer (p. 582), que le nom de *lithophagus* doit, remplacer celui de *lithodomus*, comme étant le plus ancien. Bolten, en effet, en 1798, désignait ces mollusques sous le nom de LITHOPHAGA ; Mühlfeld, en 1811, sous celui de LITHOPHAGUS, orthographe qui a prévalu, et ce n'est qu'en 1817, que Cuvier les a nommés LITHODOMUS.

Cette conclusion ne me paraît pas devoir être admise : outre que le nom donné par Cuvier est adopté par la plupart des malacologistes, il est d'usage maintenant de prendre des substantifs pour désigner les genres, et de réserver les adjectifs pour la désignation des espèces : or, *lithophagus* est un adjectif.

mutilé du pape Clément **V**, mais qui malheureusement, faute d'entretien suffisant, menace ruine.

Ici devrait, à la rigueur, se terminer ce procès-verbal, car, à partir d'Uzeste, la course va devenir trop rapide pour permettre à la Société des observations sérieuses. Toutefois, la contrée a été si souvent explorée par le rédacteur, qu'il lui sera facile de suppléer à l'insuffisance de ces observations par celles qu'il a faites antérieurement.

Entre Préchac et Uzeste, le sable des Landes forme le sol superficiel et recouvre le falun de Bazas d'une couche généralement assez faible, qui ne prend d'épaisseur que dans les parties où l'alios nettement caractérisé est un peu développé. Ce dernier, lorsqu'il existe, suit les ondulations du sol avec une certaine régularité, mais son aspect est très-varié : tantôt il est noir ou d'un brun noirâtre, et le ciment qui en agglutine les grains est presque entièrement organique; tantôt il est jaune-brunâtre et constitue un grès plus spécialement ferrugineux.

Un échantillon de sable que nous avons recueilli, au-dessous de l'alios, entre Préchac et la Trave, est essentiellement siliceux; il est jaunâtre et à grains grossiers, parfaitement roulés, qui lui donnent presque l'aspect d'un gravier fin; les petits cailloux qu'il renferme ont, en moyenne, la grosseur d'un noyau de cerise. Le quartz hyalin incolore ou jaune y domine ; mais on y remarque aussi des grains quartzeux roses, bleuâtres, gris ou noirs, et *quelques autres d'un gris-noirâtre, à éclat métallique, qui sont attirables au barreau aimanté* (1). Près d'Uzeste, situé dans un vallon arrosé par un affluent du Ciron, le sable des Landes devient sensiblement argileux; l'alios cesse d'exister et le terrain prend une coloration qui le fait, en quelques points, ressembler au sable diluvien dont est formé le sol d'une partie du Blayais. Dans les escarpements du falun sous-jacent, ce sable remplit toutes les anfractuosités du calcaire, et y passe à un sable argileux, ocreux ou jaune, ou à une argile brune ou jaune, à pâte très-fine.

Le falun d'Uzeste, au point de vue de sa constitution, ne diffère pas de celui de Cazeneuve ; mais l'apparence en est sensiblement différente : les couches sont plus minces et, comme à Bazas, prennent souvent l'aspect de plaquettes gréseuses, d'une extrême dureté et pauvres en fossiles déterminables; d'autres fois, la roche est un calcaire grossier, pétri d'*Ostrea*

---

(1) Ce caractère est commun aux sables des landes et à ceux du diluvium des coteaux de la rive droite de la Garonne jusque dans la Dordogne.

producta Raul. et Delb., d'une très-belle conservation et ayant encore leurs deux valves appliquées l'une contre l'autre. Les autres fossiles associés à cette huître sont :

Anomia costata Brocchi ?;
Balanus sp ? ;
Vermetus arenarius L.;
Lucina columbella Lam. — Moules et empreintes;
Lucina globulosa Desh. — Moules à l'état de calcaire spathique parfaitement translucide;
Arca diluvii Lam. — En fragments très-reconnaissables;
Cerithium plicatum Brug. — A l'état de moules, d'empreintes et quelquefois de débris de test.

A la sortie d'Uzeste, le terrain s'élève rapidement ; le sable des Landes prend plus d'épaisseur, et le grès aliotique reparaît bientôt en couches de plus de deux mètres d'épaisseur, généralement noires ou bigarrées de jaune-brunâtre et de gris-jaunâtre, et passant quelquefois d'une teinte à l'autre sans transition apparente. Calciné, ce grès donne un sable grisâtre assez fin, dont les éléments minéralogiques sont les *mêmes* que ceux du sable de Préchac.

Le sable des Landes se maintient avec cette apparence jusqu'auprès de la station de Nizan-Villandraut, où ses caractères physiques paraissent se modifier d'une manière profonde. L'alios, d'une épaisseur d'environ 0^m.70, y recouvre une argile un peu sableuse qui passe promptement à des graviers assez fins, très-argileux, jaunes, maculés de taches grises ou rouges, lesquels se poursuivent, sans discontinuité, sur une assez grande étendue. Lorsque ces graviers affleurent au sol ou que le sable superficiel est argileux, l'alios disparaît comme s'il n'avait pu y trouver les éléments nécessaires à sa formation ; il reparaît, quand l'élément sableux devient de nouveau très-dominant.

Les allures de l'alios se maintiennent avec une grande netteté entre la station de Nizan-Villandraut et la halte de Roaillan.

Le terrain sous-jacent présente, dans ce même intervalle, de nombreuses variations de couleur et de structure : tantôt il se montre argileux-sableux, d'autres fois plus ou moins caillouteux ou sablonneux, ayant *très-rarement* le caractère d'un dépôt régulier et offrant à l'œil toutes les nuances, blanches, jaunes, rouges ou grises que l'on remarque dans les dépôts de transport qui recouvrent les coteaux de la rive droite de la Gironde, au nord de Langon.

En certains points, d'assez nombreux cailloux roulés apparaissent dans la masse : la plupart sont quartzeux, hyalins, laiteux ou grenus, diversement colorés ; mais les cailloux de *phtanite*, de *silex*, de *quartz-meulière*, de *feldspath décomposé*, etc., n'y sont pas très-rares.

Au-delà de la halte de Roaillan, les caractères généraux de la formation persistent ; l'alios pourtant ne paraît plus dans les tranchées du chemin de fer que de loin en loin et pour ainsi dire à l'état d'accident. A mesure que diminue la distance à la Garonne, le nombre des cailloux et leur grosseur moyenne augmentent, tandis que l'élément argileux perd de son importance.

Sur le bord de la Garonne, le terrain se modifie complètement à la surface ; il renferme une grande quantité de cailloux roulés, généralement ovulaires, quelquefois pugilaires et même d'une grosseur plus grande, formant des dépôts à peu près semblables, au point de vue des éléments minéralogiques qu'ils contiennent, à ceux qui constituent les bancs de graviers de la Garonne.

Le sable des Landes se prolonge au-dessous de ces dépôts.

On est donc ici en présence de deux dépôts distincts : l'un, plus ancien, qui est de même âge que le sable des Landes et dont le facies, dans l'ensemble, ne se distingue pas de celui des dépôts qui recouvrent un grand nombre de coteaux de l'Entre-deux-Mers ; l'autre, plus récent, qui s'étend au-dessus du précédent et qui présente tous les caractères d'une alluvion ancienne de la Garonne.

Le fait que nous signalons ici, c'est-à-dire l'extension de la formation dite *sable des Landes*, sur la rive droite de la Garonne, n'est pas nouveau dans la science : car, dès 1862, M. l'Ingénieur en chef Jacquot a publié sur ce sujet une note qui n'a pas été, que nous sachions, contestée jusqu'à présent.

Nous laissons maintenant la parole à notre savant Président, pour développer, dans un appendice à ce procès-verbal, les résultats de ses habiles recherches sur les nombreux et quelquefois très-intéressants fossiles que la Société a récoltés à Cazeneuve.

Le Secrétaire général,

LINDER

LISTE

DES PRINCIPAUX FOSSILES

RECUEILLIS PAR LES MEMBRES DE LA SOCIÉTÉ

A CAZENEUVE

DANS LE CALCAIRE DE BAZAS

Pendant l'excursion de la 50ᵉ Fête Linnéenne

Par M. CH. DES MOULINS, président.

Signaler une *lacune* importante à combler, une nécessité pressante à laquelle il s'agit d'obéir en poursuivant les études paléontologiques, ce n'est point emprunter à la *réclame* ses vaines et mensongères paroles.

Les faunes paléontologiques demeureront incomplètes, mutilées d'un tiers, — d'une moitié peut-être, — tant qu'on n'y donnera pas place aux *moules pierreux* qui représentent ou remplacent totalement, dans certains terrains, l'enveloppe fossilisée des animaux testacés.

Besogne aride, ingrate, dont les résultats non-seulement ne flattent pas l'œil du collecteur, mais souvent même sont désagréables à voir dans une collection bien rangée, — mais besogne utile, indispensable à l'avancement de la science.

Ce que je dis ici des faunes écrites, est également vrai de leur iconographie.

On l'a bien senti, — on a de tout temps obéi à cette nécessité en ce qui concerne les échinides par exemple, et Alfred d'Orbigny a grandement mérité de la science en accueillant dans sa brillante *Paléontologie Française* les descriptions et les figures des *moules* jurassiques et crétacés.

Mais en fait de moules tertiaires, combien peu en a-t-on publié jusqu'ici !

Et cependant, les géologues et les paléontologistes ne se dissimulent plus ce grand *desideratum* de la science ; et M. Hébert, le savant professeur de la Faculté des Sciences de Paris, n'a pas dédaigné de consacrer les journées qu'il a passées au milieu de nos calcaires de la Gironde, à faire le métier de manœuvre-cantonnier, pour recueillir des moules pierreux.

Il y a bien plus de trente ans que je me suis senti instinctivement porté vers ce genre de recherches qui, je l'avoue une fois encore, dépare plus qu'il n'embellit les tiroirs des collections ; et, dès 1834, Dufrénoy a admis à l'honneur de figurer dans les listes annexées à son célèbre *Mémoire sur les terrains tertiaires du Midi de la France,* les moules pierreux dont je lui avais envoyé le catalogue alors bien restreint et bien vague quant aux déterminations.

Depuis plusieurs années, mes honorés collègues Linnéens m'encouragent à offrir à la science le tribut des obscurs mais très-nombreux matériaux que ma collection renferme, et j'ai regardé comme un devoir de consacrer les derniers travaux de ma vie à commencer du moins ce laborieux inventaire des moules *tertiaires* de la Gironde et *crétacés* de la Dordogne. Inhabile à manier le crayon, je ne puis malheureusement essayer que la détermination et la mise en catalogue de ces moules, et j'avoue humblement que ce n'est là qu'une moitié — le tiers même — du travail à faire ; car, je le répète, les fausses paléontologiques resteront incomplètes, tant que la figure et la description du moule pierreux n'accompagneront pas la figure et la description du test fossile. Mon catalogue méthodique des deux séries *crétacée* et *tertiaire,* dressé suivant l'ordre adopté par Woodward dans son Manuel de Malacologie, est bien peu avancé, car il ne compte encore qu'un peu plus de *cent* espèces ; mais je ferai tous mes efforts pour l'accroître aussi promptement que possible.

La fructueuse excursion que la Société Linnéenne a faite à Cazeneuve, dans le Bazadais, à l'occasion de sa fête annuelle de 1867, me fournit l'occasion d'offrir aux naturalistes un court échantillon du travail général dont je m'occupe. Ce spécimen, dont les *notes* sont modifiées en vue de la spécialité de notre excursion, se compose de 45 espèces seulement ; car, je ne suis en mesure ni de comprendre dans ce travail les Polypiers et les Bryozoaires dont nous avons rencontré des restes, ni de l'étendre à toutes les coquilles dont nous avons aperçu, ce jour-là, des vestiges obscurs ou indéterminables.

Cette liste sera disposée selon l'ordre des *Animaux sans vertèbres* de Lamarck, 2ᵉ édition, à laquelle ont collaboré, pour les genres dont je dois parler, MM. Deshayes, H. Milne-Edwards et Dujardin, et qui est plus familière aux géologues que ne le sont les arrangements plus récents. J'y exposerai une synonymie peu étendue, mais indispensable, soit qu'il s'agisse d'ouvrages généraux (Lamarck, d'Orbigny) ou d'ouvrages et surtout de figures spécialement consacrés aux terrains miocènes (Brocchi, Basterot, Grateloup, Michelotti, Hœrnes enfin, dans son *Bassin de Vienne*, le plus splendide et le plus parfait travail iconographique qui ait jamais été publié sur les mollusques fossiles.)

Afin d'abréger le plus possible cet appendice du procès-verbal dû à la plume de notre savant secrétaire général, j'adopte pour les ouvrages dont la citation revient le plus souvent, des abréviations dont on verra ci-dessous le tableau.

J'ai adopté aussi, pour plus de briéveté, l'appellation *calcaire de Bazas*, pour désigner les masses rocheuses de Cazeneuve, d'Uzeste, de Saint-Vivien, etc., qui appartiennent à l'assise à laquelle M. Raulin a donné le nom de *falun de Bazas*, mais se distinguent morphologiquement du vrai falun par leur consistance vraiment pierreuse.

Enfin, j'ai profité de cette occasion pour introduire dans le catalogue de notre 50ᵉ excursion Linnéenne, des études plus développées sur trois des genres que nous y avons recueillis, SPIRORBE, VERMET et CREUSIE. Cette dernière notice renferme la description de deux nouvelles espèces vivantes.

TITRES DES OUVRAGES	ABRÉVIATION ADOPTÉE
LAMARCK, Histoire naturelle des animaux sans vertèbres, 1re édit. (1822) *sans indication de tomes ou de pages*; 2e édit. (1835-1845).	Lam. no..., *ou* Lam no... (*foss*), *ou* Lam., 2e éd. t...., p...., no....
BLAINVILLE, Manuel de Malacologie (1825).	Blainv. Man. malac., p....; pl...., f.....
HOERNES, Mollusques fossiles du Bassin tertiaire de Vienne (1851 et.......	Hœrnes, Bass. Vienne, t...., p...., no....; pl.... f.....
MICHELOTTI, Description des fossiles miocènes de l'Italie septentrionale (1847).	Michelotti, Foss. mioc. Ital., p....; pl...., f.....
MICHELOTTI, Étude sur le Miocène inférieur de l'Italie septentrionale (1861).	Michelotti, Étud. mioc. inf. Ital., p...., pl...., f.....
D'ORBIGNY, Prodrome de Paléontologie strati-graphique, t. II, 1850, t. III, 1852.	D'Orb. Prodr. t...., p...., no. (nom de *l'étage*).
BROCCHI, Conchiologia fossile subapennina, t. II, 1814.	Brocchi, p...., no.... pl...., f....
DUFRÉNOY, Mémoire sur les terrains tertiaires du bassin du midi de la France, (lu à la Société Géologique de France, en mai 1834; imprimé en 1835 dans le t. III des *Annales des Mines;* tirage à part, même pagination).	Dufrénoy, Terr. tert. du midi. p...,
DESHAYES, Description des coquilles fossiles des environs de Paris (1824-1837).	Deshayes, Paris, t....., p..... no.... pl...., f.....
GRATELOUP, Conchyliologie fossile des terrains tertiaires du bassin de l'Adour. Les nos sont ceux des planches relatives *à chaque genre*; (1840-1845).	Grat. Couch. Adour, pl...., f.....
AL. BRONGNIART, Mémoire sur les terrains de sédiment supérieurs calcaréo-trappéens du Vicentin (1823)	Brongn. Vic. p....; pl...., f....
BASTEROT, Description géologique du Bassin tertiaire du sud-ouest de la France (in Mém. Soc. d'Hist. nat. de Paris, t. II), 1825.	Basterot, p...., no....; pl...., f....
C. MAYER, Descriptions de coquilles nouvelles des étages supérieurs des terrains tertiaires; dans le *Journal de Conchyliologie* (1857 à.......).	Mayer, Journ. Conchyl. t.... (..de la ... sér.) p..., no..., pl...., f....

ANNÉLIDES.

Genre SPIRORBIS.

L'organisation du type *Annélide* ne permet pas la distinction, chez ces animaux, d'un côté *droit* et d'un côté *gauche*. Il s'ensuit, si nous les comparons aux mollusques, qu'ils ne peuvent présenter de *dextrorsité* ou de *sénestrorsité* organiques : leur mode d'enroulement est théorique‑ment *accidentel*. Aucun des auteurs que je puis consulter, en effet, n'en parle, en traitant du genre Spirorbe, et Goldfuss, dont le dessinateur C. Hohe est si honorablement cité pour l'exactitude scrupuleuse de ses figures, donne, dans la pl. 71 du *Petrefactunden*, deux espèces de *vrais* (1) Spirorbes dont les nombreux individus, fixés sur leur com‑mun support, sont indifféremment *dextres* ou *sénestres*.

Je possède moi-même un moule de *Lima*, de la craie, portant trois individus de Spirorbe, évidemment de même espèce et qui se touchent presque : deux d'entr'eux sont dextres et l'autre sénestre. — La même différence se reproduit *et se répète* sur les individus plus nombreux d'une espèce tricarénée qui a pris pour support un gros *Pétoncle* du fa‑lun de Léognan ; ce Spirorbe a été également trouvé à Martillac.

Et cependant, en général, je crois que l'enroulement se produit habi‑tuellement dans un sens uniforme, *selon les espèces,* du moins chez les Spirorbes vivants, dont je possède huit espèces : je n'y ai aperçu aucune exception à cette uniformité.

Aussi me suis-je trouvé fort embarrassé quand notre clairvoyant et soigneux collègue, M. Souverbie, m'a fait apercevoir sur le moule d'*Avicula phalœnacea,* Lam., recuellli dans la falaise de Cazeneuve et destiné au Musée de Bordeaux, une diversité d'enroulement que j'ai re‑trouvée sur les moules de diverses espèces de coquilles que nous a pro‑curés notre commune récolte.

Avions-nous là deux espèces, ou n'en avions-nous qu'une ?

Telle était la question.

Tout le monde convient qu'il en doit exister bien plus qu'on n'en a décrit, et j'ignore s'il a été constaté que des espèces éocènes de ce genre se retrouvent, ou non, dans des terrains plus récents. Si l'on en

---

(1) Il confond ce genre avec les Serpules, Vermilies et Vermets.

croyait Defrance, auteur déjà bien ancien, des Spirorbes de Grignon au-
raient encore leurs analogues vivants ; mais ceci n'est plus guère admis-
sible aujourd'hui.

Dans le doute, et provisoirement, je vais nommer *tricarinatus*
l'espèce à trois carènes plus ou moins fortes, très-conoïde quand elle est
petite, plus discoïde quand elle atteint — et cela rarement — huit millimètres de diamètre, que nous avons recueillie sur les Avicules et
autres coquilles de Cazeneuve, — qui a vécu dans le Pétoncle de
Léognan et de Martillac, — que je retrouve très-rare dans les trous
d'un Porite de Mérignac et qui, en fin de compte, ressemble extraordi-
nairement au *Sp. tricostalis* Lam., (espèce vivante des côtes de la Manche). Comme celle-ci, notre fossile n'a ordinairement guère plus de
2 à 3 millimètres de diamètre, et 3 tours de spire ; mais quand il atteint
une taille de 5 à 8 millimètres (et alors est-ce bien encore la même
espèce ?), il va jusqu'à près de 5 tours.

Ce Spirorbe est généralement *sénestre* (puisque son moule, *renversé*
sur le moule pierreux des mollusques, est dextre) ; mais il montre, dans
les mêmes conditions, quelques individus qui ont vécu *dextres,* puisque
leurs moules paraissent aujourd'hui sénestres. L'*empreinte* de ces moules
(dans le moule du mollusque, ne me laisse pas voir toujours — tant s'en
faut, — les trois carènes longitudinales qui sillonnaient le dos du test ,
encore moins les élégantes et énergiques stries tranversales qui cou-
paient perpendiculairement ces carènes et, parfois relevées en nodosités, complétaient la riche ornementation de ce petit parasite ; mais à
mesure que sa taille décroît, on est amené à reconnaître les vestiges de
plus en plus faibles de ces ornements, réduits enfin à un filet très-
grêle, dernier représentant de la plus forte des trois côtes sur les tours
pour ainsi dire embryonnaires de la spire.

Et maintenant, les plus exigus, les plus voisins de l'état *lisse* parmi
nos individus girondins , ne représenteraient-ils pas ce très-petit (1 mil-
limètre) et très-lisse *Spirorbis miocenicus* que M. Michelotti a trop briè-
vement et sans figure, décrit en 1847, dans ses *Fossiles miocènes de
l'Italie septentrionale,* page 74 ? M. Michelotti lui attribue des tours *disjoints ;* mais il ne dit pas s'il le décrit d'après son moule ou d'après son
empreinte. Si c'est d'après le moule, les tours extérieurs sont nécessairement disjoints dans tous les Spirorbes, parce que le test est relativement fort épais dans ce genre.

Dans le cas où la présomption que je viens de formuler viendrait à se réaliser, le nom que je choisis, *tricarinatus*, devrait céder la place à son aîné, *miocenicus*.

Si donc j'ose aujourd'hui proposer de donner le rang d'espèce à ce fossile, c'est parce qu'il ne me reste aucun espoir probable de le trouver décrit dans son état parfait.

M. Michelotti (*loc. cit.*) dit ne connaître, dans la circonscription qu'il étudie, qu'un seul vrai *Spirorbis*, son *Sp. miocenicus.*

Goldfuss (*Petrefactunden*) pl. 71, ne cite aucun Spirorbe *tertiaire* qui puisse offrir un sujet de comparaison avec celui dont j'ai fait, plus haut, connaître les caractères d'ornementation.

La 2ᵉ éd. des An. s. v. de Lamarck n'ajoute au texte primitif que des espèces fossiles non comparables, soit géologiquement, soit zoologiquement, à celle de Cazeneuve.

Il en est de même de neuf espèces fossiles du bassin de Paris, décrites par Defrance, dans l'article *Spirorbe*, t. 50 du *Dict. des sc. nat.* de Levrault, pages 303, 304.

Enfin, M. Deshayes (*Foss. de Paris*) et d'Orbigny (*Prodrome*), ne s'occupent point des Annélides; où donc espérer de rencontrer le nom et la description du fossile de Cazeneuve?

Par ces motifs, j'assigne provisoirement à mon Spirorbe girondin la diagnose suivante, calquée avec un peu plus de détails sur la forme employée par Goldfuss :

Spirorbis tricarinatus Nob. (1867).

Sp. *testâ 1-8 millimetrali in discum latè umbilicatum convolutâ, conoideo-truncatâ, anfractibus 3-5 rotundis contiguis, duobus saltem ultimis transversim et elegantissimè striato — costatove — nodulosis.*

HAB. — Dans le *calcaire de Bazas*, à Cazeneuve; abondant sur ceux des moules pierreux d'*Avicula phalœnacea* Lam. qui ont été fossilisés *après la mort* de leur habitant. Il se retrouve également et dans les mêmes conditions d'ensevelissement, sur des moules de bivalves (*Arca*, etc.), d'univalves (*Turritella*, etc.) de ce calcaire, et aussi sur le test des fossiles des faluns de Mérignac, Martillac et Léognan.

J'exposerai plus loin, dans l'article consacré à l'*Avicula phalœnacea*, la preuve de cette fossilisation *post mortem*, tirée de la présence de parasites sur le moule interne des coquilles, et j'ai été heureux de voir mes idées confirmées en quelques mots par M. Michelotti, dès 1847, (*loc. cit.* p. 71), lorsque ce savant observateur a dit de son *Sp. miocenicus :* « *Testaceis internè adnexa*..... à l'intérieur des coquilles » qui ont appartenu à des animaux morts avant qu'ils fussent ensevelis. »

CIRRHIPÈDES.

Genre BALANUS.

Cette Balane, qui paraît fort rare à Cazeneuve et dont je ne connais pas l'opercule, ressemble en petit à l'espèce blanche et assez mince qui est souvent mêlée au *B. miser* sur nos côtes de l'Ouest et que j'ai toujours cru susceptible d'être rapportée au *B. ovularis* Lam. Je ne puis rien dire de plus sur sa détermination ; j'en ai trouvé un seul individu dans une petite cavité du calcaire plus *faluneux* que gréseux de la carrière, et j'ai eu le déplaisir de le perdre, en cherchant à dégager de petits fossiles du bloc auquel il adhérait.

Genre CREUSIA.

Creusia Rangii Nob. (1867)

Rang a fait connaître le premier, en mai 1829 (*Manuel des Mollusques ;* Roret, in-24, p. 369), qu'il existe des Creusies fossiles et qu'on en rencontre dans les polypiers des terrains bordelais ; c'étaient celles que je venais de lui envoyer pour les dernières pages de son livre, en réponse à une phrase de sa lettre du 4 avril 1829 : « J'ai vu dans la » collection de M. Michelin un Cirrhipède fossile venant de Mérignac, qui » vous est peut-être inconnu ; il m'a paru remarquable, en voici le des- » sin de souvenir. » (Suivait un croquis fait au courant de la plume, mais suffisamment exact). « Nous connaissons bien des coquilles à » quatre divisions, mais non avec une base semblable à celle-ci » (plus profonde que la partie coronale n'est haute). Le 1er juillet suivant, il m'écrivit de Marseille qu'en partant pour prendre le commandement du brick la *Champenoise*, il avait laissé son *Manuel* à une personne qu'il chargeait de me le faire passer ; mais cet ouvrage ne me parvint que beaucoup plus tard, sans que je puisse retrouver l'époque précise de sa réception.

Sur ces entrefaites et à une époque que je ne sais pas préciser non plus, ne trouvant dans ma bibliothèque, alors encore fort restreinte, aucun ouvrage où les caractères de ce fossile de nos riches faluns de Mérignac fussent fidèlement décrits, — retrouvant ces mêmes caractères spécifiquement modifiés dans un congénère vivant et non décrit des polypiers d'Haïti, — enhardi peut-être enfin par l'étonnement que ces caractères avaient causé à Rang, — j'avais eu la tentation de faire de ces deux espèces un genre que je dédierais au respectable Marmin, de Paris, dont la correspondance et l'inépuisable obligeance étaient alors pour moi si utiles et si instructives. Heureusement, je lui fis part préalable de mon projet; justice fut faite de ma fantaisie de candide jeunesse, et il ne resta d'elle que deux étiquettes que je conserve comme témoignage de mon respect reconnaissant pour cet excellent homme.

Marmin et M. Deshayes avaient répondu « *Creusia* »; — le bon Hœninghaus, qui fit un séjour de plusieurs mois à Bordeaux, avait articulé « *Pyrgoma* »; — J.-D.-C. Sowerby, dans son *Genera of recent and fossil shells*, n°˙ XVII et XVIII, dont Férussac rendit compte dans la livraison de janvier 1824 de son *Bulletin des sc. nat. et de géol.*, t. 1er, p. 96, avait dit que l'opercule des Creusies est réellement *quadrivalve*; — M. Hardouin Michelin, dans une lettre en date du 21 mai 1829, m'avait exprimé, mais avec doute, l'opinion « *Conia* ». — Enfin Rang lui-même, avec qui je ne pouvais plus entretenir de relations fréquentes depuis qu'il avait quitté le commandement du stationnaire de Pauillac, s'était déterminé pour *Creusia*.

Ainsi qu'il arrive trop souvent, je tombai de Carybde en Scylla : de l'ambition irréalisable de créer un genre nouveau, je passai à une erreur, et mû par je ne sais plus quelles raisons, je crus mieux faire que les autres en inscrivant mon fossile, pour les listes du mémoire de Dufrénoy (1834), sous le nom d'*Acasta?* (avec un point de doute. Ce point de doute fut omis à l'impression, dont je ne fus pas appelé à corriger l'épreuve, ainsi qu'il y a lieu à s'en apercevoir assez fréquemment), et il en résulta, à la page 118, l'inscription suivante : « *Acasta*, 1 esp. » non décrite, dans les madrépores ».

Telle est toute l'*histoire ancienne* du joli *Creusia* de Mérignac. Aucun des ouvrages que j'ai pu consulter depuis ces 33 années ne m'en a montré la description ou la figure, non plus que celles de la Creusie tubiforme des polypiers d'Haïti. Ni Goldfuss, ni D'Orbigny, ni M. Mayer, n'ont parlé des Cirrhipèdes fossiles, et feu le colonel Beau n'a pas fait entrer les coquilles vivantes de cet ordre dans son Catalogue de la Martinique. Je crois donc pouvoir me permettre — sous toutes réserves des droits d'auteurs qui me seraient restés inconnus , — d'ajouter la description de l'espèce vivante à l'*histoire moderne* de l'espèce fossile.

Cette *histoire moderne* trouve sa place ici, parce que les polypiers du *calcaire de Bazas*, à Cazeneuve, renferment le fossile des *faluns de Mérignac*.

Fixons la terminologie que j'emploierai dans ces descriptions que je ne suis malheureusement pas en mesure de justifier par de bons et fidèles dessins.

La BASE, c'est la *cupule* ou le *tube* qui remplacent, chez les Creusies, la lame calcaire plate au moyen de laquelle les vrais *Balanes* se fixent aux corps sous-marins.

La COURONNE, c'est la partie supérieure du test, composée, chez les *Creusies*, de *quatre* valves plus ou moins soudées, de *six* chez les Balanes.

La *lame interne* (Blainv. Man. malac. — *Gaine de l'opercule*, Miln. Edw. *in* Lam., ed. 2ª t. 5, p. 670), c'est la paroi finement striée et plus courte que les valves, qui limite la cavité centrale occupée par la portion mobile et exsertile de l'animal, et plus ou moins fermée en haut par son opercule quadrivalve; tout cela est comme dans les Balanes.

Les *lamelles agariciformes*, ce sont les feuillets calcaires et rayonnants, remplacés parfois par des crampons qui relient, chez les Creusies, l'extérieur de la lame interne à la paroi intérieure des valves. Ces lames agariciformes sont les *analogues* des *crampons* de formes si diverses qui, chez les Coronules et les Conies, remplissent l'office de la base calcaire des Balanes et servent à fixer le test sur les corps sous-marins.

Tous les autres mots que j'emploierai appartiennent au vocabulaire commun.

DESCRIPTION DU **CREUSIA RANGII**

(*In madreporis penitùs recondita*).

C. Testâ duploconâ, i. e. è partibus duabus subsimilibus basi oppositis constante, scilicet basi hypocrateriformi (quandoque conoideâ) intus longitudinaliter strenuè striatâ et coronâ conicâ (quandoquè fornicato-conoideâ) basi subæquali paulo majore vel minore); — ambabus costis validis radiantibus circiter 20-30 inæqualissimis versùs basin furcatis, lamelloso-nodosove rugosis (in areis coronæ angustissimis longitudinaliter striatulis penè evanidis) instructis.

Lamina interior *tranversim striatula, dimidiam coronam æquans.*

Lamellæ agariciformes *validæ saltem* 60 *sæpè versùs basin furcatæ vel minoribus interjectis, longissimæ, dimidiam coronam æquantes.*

Operculi valvæ transversim tenuiter striatæ, majoribus subtriangularibus anticè acuminatis (minores difficilius ob exiguitatem fragilitatemque observandæ).

Apertura parva (4^am^ *vel 5*^am^ *partem dorsi occupans) subovalis, anticè aculiuscula.*

Long. testæ totius (coronæ et baseos) : 7-12 millimetr.

Diametr. maxim. (ad suturam ambarum partium), 8-13 millim.

Hab. — *Falun de Mérignac,* C dans l'intérieur des masses de polypiers du genre *Astrea ;* moins C dans ceux du genre *Porites.*

Falun de Saucats, R dans la même espèce de Porite. Calcaire de Bazas, dit *falun de Bazas,* C à Caze neuve, dans la carrière de la forêt (en amont du pont).

On se laisserait volontiers tenter de faire ici deux espèces, mais ce serait s'abandonner à une complète illusion. Sans parler des irrégularités de forme et d'ornementation des Balanides en général, provenant de leur groupement sur des objets de formes très-diverses, on comprend que ces irrégularités sont forcément bien plus grandes chez les *Creusies* qui sont complètement *enfouies* dans les polypiers et ne communiquent avec la mer que par un petit trou qui se maintient dans la masse de ceux-ci et va aboutir à l'ouverture de la coquille; ce n'est qu'accidentellement que la couronne de ces espèces paraît *à* ou *au-dessus de* la surface d'un polypier, et cela n'arrive que lorsque celui-ci a été brisé avant de devenir fossile ou depuis qu'il l'est.

En second lieu, les *Creusies* perforantes sont pressées de toutes parts par le sclérenchyme du polypier; la structure de celui-ci, si différente dans les Astrées et les Porites, ne peut manquer de se traduire plus ou moins, ou du moins de laisser quelques traces à la surface du parasite intérieur qui n'y peut prendre d'accroissement qu'aux dépens de la substance de la masse qu'il habite.

En troisième lieu, et c'est là ce qui fait naître l'illusion contre laquelle l'observateur doit se défendre, — le polypier des faluns de Mérignac ne change pas d'état en se fossilisant. Les vacuoles, régulières ou non, de son sclérenchyme restent absolument ce qu'elles étaient du vivant de l'animal, sauf la disparition de la matière animale qui les remplissait alors. Ses parties solides restent également ce qu'elles

étaient pendant la vie ; et il en est de même des *vides* du cirrhipède lui-
même, comparés à ses *pleins* calcaires ; ses côtes, ses stries, ses
lamelles ne sont point épaissies par la fossilisation. Pour l'habitant
comme pour l'habité, le *statu quo* est complet.

Mais il en est tout autrement pour le cirrhipède des roches solides,
pierreuses, de Cazeneuve. Le bain calcareux dans lequel la fossilisation
a eu lieu, a épaissi les côtes et les lamelles ; celles-ci ne sont plus
minces ou tranchantes, et les espaces qui les séparent sont devenus
moindres : les côtes sont devenues mousses et arrondies, et leurs
rugosités écailleuses sont devenues *noueuses* et granuleuses à la loupe ;
les stries de l'intérieur de la base ont disparu sous un dépôt uniforme
de particules calcaires, qui lui donne l'apparence d'une surface lisse ou
à peine ondulée. En un mot, il semble qu'on ait affaire à deux tests
différents par leur ornementation sculpturale ; mais les *caractères* sont
absolument les mêmes, et je déclare qu'il m'est impossible d'y apercevoir une seule différence spécifique.

Il est encore un autre danger d'illusion ; mais les observateurs qui
ont une expérience un peu longue de l'allure des fossiles s'y laisseront
plus difficilement prendre. Parmi les Porites de Mérignac, on trouve
parfois des échantillons moins blancs, fortement colorés par le fer, et
extrêmement légers, contenant des Creusies détériorées d'une façon fort
singulière. On croirait, là encore, voir un autre fossile que le *C. Rangii*,
car il n'y a plus ni *lame interne*, ni *lamelles agariciformes*. Tout cela a
disparu, et l'on ne trouve plus, adhérente au sclérenchyme du polypier,
que la couche externe et mince du test du cirrhipède, — les côtes de
ce test, en un mot. Parfois même cette couche externe a disparu elle
aussi, et il ne reste plus que son empreinte *côtelée* dans le sclérenchyme.
Cette dégradation dans la substance, tout en conservant l'identité de
forme du test disparu et de son ouverture, m'a amené à reconnaître
qu'il ne s'agit ici que d'échantillons plus détériorés, plus longtemps
roulés que les autres. La couche interne du test a été détruite ou détachée, et je crois être dûment autorisé à conclure que ce sont des
échantillons *morts* (polypier et cirrhipède) avant que la fossilisation se
soit exercée sur eux.

Voilà tout ce que je sais relativement à cette curieuse espèce, à
laquelle je crois pouvoir imposer le nom de mon savant et malheureux
ami, le capitaine Sander Rang, puisque c'est elle qu'il avait implicite-
ment en vue lorsque, le premier, il fit connaître, par la publication de

son *Manuel,* qu'il existait des Creusies fossiles. Cet hommage à la mémoire d'un homme que j'ai tendrement aimé, de qui j'ai appris tant de choses, et qui a rendu à la science des services nombreux et incontestés, sera, j'ose l'espérer, accueilli favorablement par les naturalistes.

Je dois ajouter qu'il n'y a aucune espèce de comparaison à faire entre mon espèce et les *Pyrgoma undata* et *fratercula* de M. Michelotti (Foss. miocènes de l'Ital. septentr., p. 72, pl. 3, fig. 1 et 3, 1847). Ces deux espèces nominales, que l'auteur a parfaitement bien fait de réunir en une seule (*P. undata*) dans son *Étude sur le Miocène inférieur,* p. 138; Harlem, 1861) montrent, dans les figures de leur couronne, une ressemblance exacte avec le *Conia stalactifera* Blainv. (espèce vivante) et, pas plus que leurs descriptions, ne font connaître l'existence d'une *base calcaire.* Le nom seul, *Pyrgoma,* ferait supposer que M. Michelotti aurait été à même de la constater. Les *fines* stries *stalactiformes* de la couronne me semblent caractéristiques du genre *Conia* (dont je possède trois espèces vivantes) et qui n'a pas de base calcaire (1).

Il me reste à dire quelques mots sur les espèces de polypiers qui habitent les Creusies fossiles de la Gironde. Ces polypiers ne sont jusqu'à présent qu'au nombre de trois, savoir :

1° *Astrea Ellisiana* Defrance, 1826. — Edw. et Haim. 1849, 4ᵈ mém. s. les polypiers, *in* Ann. sc. nat. 3ᵉ sér. zool., t. 12. p. 109, n° 20. — D'Orb. Prodr. III. p 147, n° 2746" (*Falunien,* B.) — *Sarcinula astroites* Goldf. Petr. t. 1., p. 74; pl. 24, f. 12, *a. b,* (1826).

Très-commun dans le falun de Mérignac, et contenant de nombreuses Creusies.

2° *Phyllocœnia Archiaci?* Edw. et Haim., 1848, même ouvrage, t. 10, p. 303 (non figuré). — D'Orb. *ibid.* n° 2744".

Très-rare à Mérignac, du moins sous le rapport des Creusies qui s'y logent. Un seul très-petit échantillon de ma collection en contient, et elles y sont en mauvais état. — Mes études sur les polypiers sont tellement superficielles que je n'ose garantir la justesse de ma détermination, mais elle me paraît probable, du moins quant au genre.

---

1) Le nom générique *Conia* Leach ne peut être conservé, depuis que M. le docteur P. Fischer a constaté, dans la « Monographie géologique du mont d'Or Lyonnais » (1867) que l'établissement de ce genre a été devancé *de quelques jours* par celui du genre *Tetraclita* Schumacher (1817).

5° *Porites incrustans* Defrance (sub *Astreá*, 1826). — Edw. et Haim., même ouvrage, 7° mémoire, t. 16 , p. 34, n° 26; 1851. — *Tethya asbestella* Michelotti, 1838. — *Porites Collegniana* Michelotti, 1842. — *Porites Collegnoana* Michelotti, Foss. miocen. d'Italie septentr., p. 46 ; 1847. — *Lithareæa asbestella* D'Orb., 1849, Prodr. III, p. 148, n° 2759, (*Falunien*, B.).

Il ne pouvait, naguère, y avoir aucun doute sur cette espèce, puisqu'en 1851 elle était la seule du genre Porite qui fût connue à l'état fossile (Edw. et Haim., l. c.), et sa structure interne ne pouvait donner lieu à aucune équivoque. Je crois devoir m'en tenir à l'opinion de MM. Milne-Edwards et Haime qui la laissaient dans le genre *Porite*, alors même qu'ils créaient le genre *Lithareæa* pour les *Porite*s qui n'ont pas de *palis* (Comptes-rendus, t. 29, p. 258. 1849, et Ann. sc. nat. 3° sér. t. 16, p. 35, 1851), c'est-à-dire à la page qui suit immédiatement celle où ils décrivaient avec quelque détail le *Porites incrustans*. Je ne puis dire ce qui a déterminé d'Orbigny à le faire passer dans le genre *Lithareæa*; mais ce que je sais bien, c'est que le nom spécifique donné en 1826 par Defrance doit, en tout état de cause et fût-il même impropre (car ce polypier parait être réellement massif), prévaloir sur le nom plus récent *asbestella*. Si donc, — ce que je suis incompétent pour déterminer, — il doit passer dans le genre *Lithareæa*, c'est incontestablement sous le nom de *L. incrustans* Defr. 1826 (sub *Porite*). Ce qui, enfin, me confirme dans l'adoption du nom de Defrance, c'est qu'aucune autre espèce de *Lithareæa*, soit d'Edwards et Haime, soit de d'Orbigny, n'est indiquée dans notre extrème Sud-Ouest.

Le *Porites inscrustans*, donc, est très-commun dans le falun de *Mérignac,* et les Creusies s'y trouvent très-communément, soit dans leur état complet, soit (plus rarement) dans l'état de détérioration que j'ai signalé plus haut. — Ce même polypier est plus rare, ou du moins ne contient que très-rarement des Creusies dans le falun de *Saucats,* car je ne possède de cette localité qu'un seul échantillon, fort petit, qui contienne une *base* infundibuliforme de notre fossile. — Enfin, ce même polypier (qui se retrouve également dans notre *calcaire à astéries*,, à Monségur par exemple), est abondant dans le *calcaire de Bazas* dit *falun de Bazas*, et c'est là que, dans notre excursion Linnéenne du 27 juin, il s'est montré très-riche en Creusies admirablement conservées, à Cazeneuve, dans la carrière de la forêt, où les intelligentes recherches de M. Samy en ont enrichi toutes nos collections. La Creusie y présente l'aspect décevant que j'ai décrit plus haut ; et comme le calcaire est à la fois très-incrustant et très-tendre, la base est si fortement soudée à la couronne, qu'on extrait avec beaucoup de facilité, du sein de la roche, les individus entiers, remplis d'une sorte de farine calcaire très-grossière où l'on peut souvent recueillir une ou plusieurs des valves de l'opercule. C'est assurément là le plus beau gisement de ce curieux cirrhipède. Il est probable qu'il se retrouve aussi à *Bazas* même et dans cette même roche, quoique je n'aie osé (dans mon procès-verbal de la Fête Linnéenne de 1866) le citer qu'avec doute, vu le mauvais état des empreintes que j'y avais entrevues, et sous le nom générique *Acasta* que je lui conservais à cause des *listes-Dufrénoy* qui la mentionnent, ainsi que je l'ai expliqué plus haut.

Je vais m'occuper maintenant de l'espèce vivante dont j'ai parlé en commençant cet article, à propos du fossile que je viens de décrire.

DESCRIPTION DU **CREUSIA DOMINGENSIS** Nob.

C. pro genere angustissimâ prælongâ, cylindraceâ, è partibus duabus constante maximè dissimilibus, scilicet basi tubiformi sæpè curvulâ apice attenuatâ obtusâ intùs longitudinaliter costatâ, costis rotundato-sub-complanatis latiusculis circiter 35-40 subæqualibus (hæcce striæ in totidem tubulis intùs transversim striolatis consistunt ; intervalla striarum angusta è dorsis tubulorum similium alternatim suppositarum constant, ità ut paries baseos duplex sit et interdum triplex), — et coronâ conicâ basi quater vel quinquiès breviore ; — ambabus (facie exteriori incognitâ) cum madreporarum sclerenchymate arctissimè glutinatis.

Lamina interior *crassiuscula transversim minutissimè striatula, coronam non solùm æquans sed etiam paulo longior.*

Lamellæ agariciformes *totidem ac striæ majores tubi et iisdem alternantes, brevissimæ, crassæ, horizontales (vix crassitudine laminæ interioris longiores), potius quoad formam* unci *nuncupanda.*

Operculi valvæ *triangulares, transversim subtilissimè striatæ, minoribus acutè caudatis.*

Apertura perparva, *foramen ovale in apice coronæ mentiens (ægrè observanda).*

Long. testæ totius (adultæ) *18-25 millim.*

Diam. tubi baseos, 5-6 millim.

Hab. Port-au-Prince (Haïti). C dans l'intérieur des masses d'un polypier du genre *Porite*, que j'avais toujours pris pour le *P. astreoides* Lam. Mais MM. Milne Edwards et Haime, dans leur monographie des Poritides (Ann. sc. nat. 1851, 3ᵉ sér. zool. T. 16, p. 29) assignent pour patrie à cette espèce la mer Rouge, et ajoutent, en note à la page 30, qu'ils ne savent pas à quelle espèce appartient le *P. astroides*. Lesueur (de la Guadeloupe). Il me semble probable que le polypier d'Haïti doit être le même que ce dernier ; et par conséquent je demeure forcément dans le doute sur le nom qu'il devra conserver.

Je possède un autre échantillon de la même espèce, complètement enfoui (sans trace distincte de communication avec l'extérieur), dans la masse d'un *Meandrina* vivant, habité par de nombreux *Creusia concellata* et trouvé sur le quai de Bordeaux ; il provient d'un délestage et son origine, par conséquent, n'est pas certaine.

Je rapporte à la même espèce, mais provisoirement et avec doute, un échantillon incomplet (*base* tubiforme, cassée à ses deux extrémités) de 8 à 9 millim. de grand diamètre et encore long de 25 millim. On aperçoit encore quelques *crampons (unci)* de sa couronne, et ce qui me tient en suspens relativement au nom spécifique de ce fossile, c'est sa couleur *rouge-brique* très-clair, qui tranche vivement sur le blanc pur du fragment de polypier (*Meandrina?*) dans lequel il est enfoui. La coloration, phénomène dont je ne vois citer qu'un exemple chez une balanide perforante (*Acasta glans* Lam.) indiquerait-elle l'autonomie spécifique d'un être dont la plupart des caractères me restent cachés ? Le polypier, trouvé sur le quai de Bordeaux, provient du délestage d'un navire, comme le précédent.

Les balanides perforantes sont si peu connues et si incomplètement décrites, que je crois devoir profiter de cette occasion pour en faire connaître avec plus de détails une espèce vivante *que je crois décrite*, mais dont je ne possède, en outre des échantillons que je lui rapporte, qu'une figure incomplète et évidemment mauvaise. Je dis *incomplète*, parce qu'elle ne représente que la couronne (en dedans et en dehors) et non la base ; je dis *mauvaise*, parce qu'elle ne laisse pas distinguer, de la couche externe de la couronne, sa *lame interne*, qui ne saurait manquer dans une balanide. L'espèce dont il s'agit me paraît être le

CREUSIA CANCELLATA Leach (sub *Pyrgomâ*), Cirrhip., Encycl.
brit. suppl. t. 3, p. 171, pl. 57; Gray., ann. of. philos. t. 10., p.
102. — Lam. Ann. s. v. 1re et 2me édit., n° 1, (sub *Pyrgomâ*). —
Blainville (sub *Creusiâ*), Man. de malacol., p. 599, pl. 85, fig.
7, 7 *a*.

Je ne connais que cette dernière figure, et ce sont les échantillons de
ma collection que je vais décrire. Leur coquille est évidemment congénère des *Creusia* ci-dessus décrits, mais je ne retrouve pas les pièces
de leur opercule : est-il bivalve ou quadrivalve? La couronne est aussi
évidemment distincte de la base cyathiforme que dans les espèces précédentes; mais elle lui est fortement soudée par les crampons qui
remplacent les lamelles agariciformes, et c'est ce qui a fait croire à
Lamarck que la coquille est *univalve*. Enfin, cette espèce se distingue
des précédentes par un caractère purement *biologique* que Blainville —
avec raison selon moi — n'a pas jugé suffisant pour lui faire adopter le
genre créé par Savigny (*Pyrgoma*) : ce caractère consiste en ce que la
coquille n'est pas complètement *enfouie* dans la substance du polypier;
sa couronne est entièrement exserte à la surface de celui-ci, et sa base
seule y est enfoncée.

DESCRIPTION DU CREUSIA CANCELLATA Leach.

C. (*Madreporis basis immersa ; corona exserta*) *testâ sub-duploconâ,
i. e. è partibus duabus basi oppositis dissimilibus constante, scilicet* basi
*hypocrateriformi (quandoque subconoideâ curvulâ subglobosâve) ple-
rumque irregulari extùs cum madreporarum sclerenchymate solidissimè
glutinatâ) intùs costatâ, costis latis planatis longitudinaliter striatulis
circiter* 30-35 *subæqualibus contiguis —* et coronà *conico-depressâ* basi
(*plus minus*) *breviore extùs* 29-30 *costatâ, costis frequentissimè
furcatis echinato-rugosis.*

Lamina interior *et* lamellæ agariciformes *ut in præcedente videntur.*
Operculum *incognitum.*

*Apertura mediocris (3^{am} aut saltem 4^{am} partem dorsi occupans, ovata.
Long. testæ totius, 7-12 millim.
Diametr. majus dorsi, 7-11 millim.*

Hab. C à la surface d'un *Meandrina* vivant que je n'ose déterminer
spécifiquement, provenant d'un délestage de navire et rencontré sur les
quais de Bordeaux, par conséquent sans provenance certaine.

On voit par la description ci-dessus, que je connais bien moins complètement cette espèce que la précédente, et plusieurs fois je me suis senti tenté de les réunir, d'autant que le même fragment de polypier contient avec celle-ci, un très-bel individu de la précédente, et que quelques petits individus qui semblent se rapporter à celle-ci sont privés, comme dans la précédente, de toute communication visible avec l'extérieur. Que faire dans ce cas embarrassant?

Ce n'est pas la dureté de *Meandrina*, comparée à la faiblesse de tissu du *Porite*, qui produit la grande irrégularité des formes de la seconde espèce, puisque je trouve avec elle un individu très-beau et régulièrement développé de la première.

La différence de *proportions* qui les distinguent, la différence *de forme* des côtes internes de leurs bases, enfin et surtout le caractère *biologique* de l'émersion partielle de l'une et de l'immersion complète de l'autre (caractère plus grave pour *l'espèce* que pour le genre) m'ont déterminé, et ne pouvant voir et décrire l'opercule de la seconde espèce, je crois pouvoir admettre qu'elles sont très-voisines l'une de l'autre et présentent des individus trop jeunes ou trop gênés dans leur croissance pour pouvoir être nettement distingués les uns des autres. On sait quelle est la tolérance des balanides pour les circonstances défaforables à leur développement ; elle est si grande qu'elle a valu à l'une de leurs espèces le nom de *misérable*. (*Balanus miser*)*!*

Il faut convenir que plusieurs considérations sembleraient militer en faveur de la réunion des deux espèces, en outre de la ressemblance que je viens de signaler entre certains individus immergés et les individus à couronne exserte.

Ainsi, la complaisante plasticité de formes des balanides à support calcaire;

Ainsi encore, l'impossibilité où je me trouve de signaler des caractères différentiels dans les couronnes des deux espèces vivantes, tandis qu'ils sont si saisissants quand on compare mon espèce fossile à ces deux formes vivantes;

Les paroles de Rang (Manuel, p. 368) qui, ayant « examiné une espèce de Pyrgome » , attribue à ce genre « un support calcaire en forme » de calice *ou de tube ;* »

Le mélange, enfin, dans une même et fort petite masse de Méandrine, des deux espèces présumées : s'obstiner à les séparer, n'est-ce pas oublier que dans toute réunion d'individus *immobiles*, il faut qu'il s'en trouve de vieux et de jeunes?

Tout cela est vrai; — et pourtant, si l'on opte pour la fusion des deux espèces, ne sera-t-il pas nécessaire, pour expliquer les *faits,* de multiplier les *hypothèses* , plus que ne l'exige la distinction des deux espèces?

Ainsi, il faudra admettre que les individus les plus courts et les moins réguliers (*C. cancellata*) sont les plus jeunes; — qu'ils sont nés à la surface externe du polypier, et que leur coquille a été peu à peu recouverte et ensevelie par l'accroissement en hauteur de celui-ci, — qu'ils ont par conséquent allongé la base infundibuliforme de leur coquille afin de soulever leur couronne et de la maintenir exserte. Or, cela ne peut se faire que par l'accroissement *basal* de la couronne, et *marginal* (supérieur) de la base infundibuliforme pour la faire passer à l'état tubuliforme. Encore faut-il ajouter qu'ils sont *morts à la peine,* comme on dit vulgairement, et sans avoir réussi à se maintenir exsertes, car les individus les plus vieux (dans l'hypothèse), les plus longs, les plus parfaits (*C. Domingensis*) n'atteignent *jamais* la surface du polypier.

Il faut admettre aussi — ce qui est peu facile à concevoir, — qu'en s'augmentant en longueur et *non en diamètre* (du moins d'une manière sensible), ils ont trouvé le moyen de rendre régulièrement et élégamment tubiforme et souvent un peu courbe, une cavité qui d'abord était irrégulière et à parois plus ou moins gibbeuses. Cela se comprendrait si l'extrémité inférieure du tube était toujours plus épaisse que le reste, mais c'est presque toujours le contraire qui est vrai.

Il faudrait encore — et surtout — admettre que la jonction de la couronne et du tube reste à l'état de simple juxtaposition et non de soudure. Or, la soudure est, paraît-il, si étroite (au moyen des crampons ou lamelles agariciformes) que la coquille des balanides perforantes dites *Pyrgomes* passe pour être *univalve!* Il faudrait alors s'appuyer sur ce que j'ai constaté, la superposition de deux ou trois conches de côtes tubuleuses pour former l'épaisseur du tube du *C. Domingensis,* tandis que je n'ai pas constaté cette duplicature dans le *C. cancellata* qui serait supposé plus jeune.

Je n'en finirais pas si je voulais épuiser tous détails possibles à invoquer dans une telle argumentation : mais tout cela n'est-il pas bien compliqué, comparativement à la distinction spécifique que semblent demander — exiger même — des formes en général si différentes que celles d'un long tube régulier et d'une cavité irrégulière et courte, ainsi que des conditions *biologiques* qui semblent contradictoires (l'occlusion complète des bras du cirrhipède par un opercule auquel il ne reste qu'une faculté infiniment limitée de mouvements, — et la motilité libre, absolue de ces bras, quand la couronne est exserte et en contact immédiat avec le liquide ambiant)?

Je conviens qu'il n'y a rien d'absolument péremptoire dans les objections que j'oppose à la réunion des deux espèces, de même qu'il n'y a rien d'absolument démonstratif dans les raisons que j'allègue en faveur de la distinction de ces espèces ; mais j'ai exposé, ce me semble, assez de détails pour qu'il me soit permis de choisir, au moins *provisoirement,* entre les deux hypothèses, celle qui me semble la plus simple.

J'ajoute qu'au cas où des études plus complètes amèneraient les naturalistes à conclure définitivement contre moi, le nom *Domingensis* devrait disparaître, bien qu'il répondît à l'état le plus parfait, à l'état adulte de la coquille, et que celle-ci devrait conserver son appellation la plus ancienne, *cancellata.*

Je possède quelques individus d'une autre Creusie vivante, duplocone, à couronne exserte, et qui vit dans un *Porite* mince et encroûtant la valve supérieure d'un Spondyle de la Californie (Musée de Bordeaux, donné par M. Martineau). Mais cette Creusie est tellement petite (3 1/2 millimètres au plus) que je ne puis en distinguer la structure assez nettement pour la déterminer ou la décrire. Sa couronne est ornée de côtes rayonnantes, écailleuses, bien moins nombreuses que celles du *Creusia cancellata* (une douzaine tout au plus).

Enfin — et pour ne rien omettre de ce qui, dans ma collection, pourrait se rapporter à des cirrhipèdes perforants, — j'ai recueilli dans la craie supérieure de Royan, un corps fossile de près de 2 $\frac{1}{2}$ centimètres de diamètre, mince, orné de fines stries rayonnantes à l'intérieur, et présentant la forme d'une coupe extrêmement évasée, denticulée en son bord. Je l'avais toujours pris pour la valeur supérieure de quelque très-jeune Rudiste ; mais M. de Blainville à qui j'eus l'honneur de le montrer, à Lanquais, le 8 août 1846, exprima — avec doute néanmoins, — l'idée que ce pouvait être une *base* de Creusie ou d'Acaste.

Un autre corps un peu plus petit, mais qui me semble assez analogue à celui-ci (si toutefois ce n'est pas une simple empreinte extérieure de polypier turbiniforme), a été recueilli par moi dans la craie de Lanquais (1er étage de M. d'Archiac).

CONCHIFÈRES.

Solen legumen ? L. — Lam. n° 11. — Basterot, p. 97, n° 3.
   Polia legumen ? D'Orb. 1843; Prodr. III, p. 179, n° 284 (*subapen-
      nin*). — Hœrnes, Bass. Vienne, II. p. 17, n° 1 ; pl. 1. f. 15 *a. b.*

Si je ne croyais voir la trace de la côte verticale intérieure qui se di-
rige des crochets vers le bord de la valve , je n'oserais faire mention du
misérable moule (valve droite) qui s'est révélé dans la cassure d'un
échantillon de calcaire tendre et grossier, d'apparence faluneuse.

Lutraria sanna Basterot, p. 94, n° 1; pl. 7, f. 13. — D'Orb.
      Prodr. III, p. 98, n° 1831 (*falunien*, B). — Desh. *in* Lam.
      éd. 2ᵉ V. p. 94, n° 16.

A l'état de moule et ni abondant, ni très-beau. Nous l'avions déjà
trouvé, l'an dernier, dans les roches de Saint-Vivien, vis-à-vis Bazas.
(Voir le procès-verbal de la 49ᵉ Fête).

Mactra triangula Renieri. — Basterot, p. 94, n° 3. — D'Orb.
      Prodr. III, p. 100, n° 288' (*subapennin*). — Hœrnes, Bass.
      Vienne, II, p. 66, n° 5; pl. 7, f. 11, *a-d.*
   et *Mactra subtriangula* D'Orb. Prodr. III, p. 100, n° 1868 (*falu-
      nien*, B)

Cette espèce, si abondante dans tous nos faluns, ne saurait être rare
dans les calcaires de Cazeneuve ; mais sa fragilité en rend l'extraction
difficile, parce qu'elle ne laisse que peu de moules solides.

Corbula carinata Dujardin, 1837, Foss. test. Tour. *in* Mém. soc.
      géol. 2ᵉ part. p. 257. — Hœrnes, Bass. Vienne, II, p. 36, n° 2,
      pl. 3. f. 8 *a-e.*
   Corbula revoluta Basterot (1825) p. 93, n° 1, *non* Brocchi (sub
      Tellinâ), p. 516, n° 14; pl. 12, f. 6 (1814).
   C. Deshayesi, Sismonda (1845?) D'Orb. Prodr. III, p. 109,
      n° 2041 (*falunien*, B).

Assez commun, même à l'état de moules bien reconnaissables, mais
qui ne montrent qu'une valve bien détachée. — On sait combien cette
espèce abonde dans les faluns du S.-O. et surtout à Mérignac.

Saxicava arctica L. (sub *Myâ*) Philippi. — D'Orb. Prodr. III, p. 99,
      n° 1851 (*falunien* B).
   S. rugosa et *gallicana*, et *Hiatella arctica* Lam. n°ˢ 1, 2 et 1.

Je n'ai pu en ,obtenir qu'un moule complet et bien dégagé, de 4 ¹/₂ millimètres de long, et la moitié d'un autre beaucoup plus petit. Je crois qu'ils appartiennent à la variété *mutica*, si commune aujourd'hui à l'état vivant sur les côtes rocheuses de la France occidentale ; mais il ne serait pas impossible qu'ils dussent se rapporter à la variété à deux carènes écailleuses, que Goldfuss à figurée (de la même taille que mon échantillon), pl. 131, f. 14 et dont Lamarck avait fait son *Hiatella arctica* : on conçoit que le moule intérieur ne peut plus porter de traces de ces appendices complètement extérieurs et variables du test.

PSAMMOBIA LABORDEI Basterot, 1825, p. 95, n° 1 ; pl. 7, f. 4. — Desh. Trait. élém. de conchyl., t. 1, p. 417 ; 1848. — Hœrnes, Bass. Vienne, II, p. 96, n° 1 ; pl. 9, f. 5, *a-e*.

Soletellina Labordei Desh. Dict class. t. 15, p. 489. — Ch. Des M. Not. Solénac., etc. *in* Act. Soc. Linn. Bord., t. 5 ; 1832.

Tellina Labordei D'Orb. 1847, Prodr. III, p. 101, n° 1894 (*falunien*, B).

Pas très-rare dans les parties *terreuses*, et C dans les parties *gré-seuses* (1) très-dures, à grain fin uni et serré, gris-jaunâtre ou gris-bleuté du *calcaire de Bazas,* à la carrière de Cazeneuve, où l'on en obtient des échantillons très-beaux, (moules et empreintes) et qui ne contiennent peut-être aucun autre fossile. Aucun gisement ne justifie mieux le nom générique *Psammobie*.

Dans ma notice de 1832, j'avais suivi M. Deshayes dans l'attribution qu'il avait faite de cette belle coquille au genre Solételline, et je ne saurais m'empêcher de regretter l'abandon qu'il en a fait pour la ramener aux Psammobies. D'Orbigny seul a été plus loin, puisque en outre des Solétellines de Blainville, il a supprimé jusqu'aux Psammobies elles-mêmes pour en faire des Tellines, à l'exemple de Linné.

Quant au nom spécifique, notre coquille n'en aurait reçu qu'un seul (chose rare !), si Bronn n'avait eu la singulière idée de l'en dépouiller pour lui donner celui de M. de Basterot : personne n'a été tenté de l'imiter, malgré toute l'estime qui s'attache à ce nom ; mais la proposition était injuste.

---

(1) Voir ce que nous avons dit de ce *grès* dans le procès-verbal de la 49° Fête Linnéenne *in* Act. Soc. Linn., t. 26, première livraison ; 1866.

Je cite ici, pour mémoire, un échantillon de *Psammobia Labordei* trouvé en 1838 dans une partie tellement durcie du falun de Gradignan, qu'on le prendrait pour un fragment du *calcaire de Bazas* (parties terreuses) ; mais il a conservé une mince couche *du test lui-même,* ce qui ne saurait arriver dans un véritable calcaire pierreux.

LUCINA LEONINA Basterot (sub *Cytherea*), 1825, p. 90, n° 4 ; pl. 6, f. 1.
— Agass. Icon. coq. tert. p. 62 ; pl. 12, f. 13, 15 (1845). — Desh. Dict. class. p. 531 (1826). Hœrnes, Bass. Vienne, II, p. 221, n° 1 ; pl. 32, f. 1 *a. e.* — D'Orb. Prodr. III. p. 183, n° 347 (*subapennin*).
Venus tigerina Brocchi, 1814, p. 551, n° 16 ; NON *Cytherea tigerina* Lam.

Un très-beau moule, de taille moyenne, et conservant encore un léger enduit formé par la couche interne du test, a été recueilli pour le Musée de Bordeaux. Le test n'est pas très-rare dans le falun de Mérignac.

LUCINA GLOBULOSA Deshayes, Encycl. Vers, t. 2, 2ᵉ part. p. 573, n° 2. — NON Hœrnes, Bass. Vienne, II, p. 223, n° 3 ; pl. 32, f. 5 *a-b.* — (Espèce non mentionnée dans le Prodrome de D'Orbigny).

Un seul moule, d'une seule valve, et que je n'ai pourtant guère hésité à placer sous ce nom, bien qu'il ne présente pas de caractères accentués à sa surface ; mais la forme renflée de cette belle espèce, forme si rare et si remarquable dans ce groupe nombreux et difficile, me paraît décisive. Il n'est pas surprenant que dans une espèce dont le test est aussi mince, il ne reste sur le moule d'un individu encore assez jeune, aucune saillie bien nettement caractérisée ; or, mon échantillon n'a que 31 à 32 millimètres de diamètre ; j'en possède quelques autres moules des calcaires miocènes de la Gironde, et le test se trouve dans le falun de Martillac. — J'ai fait, en 1834, la faute grave de regarder cette espèce comme nouvelle, et de l'inscrire sous le nom de *L. pomum,* Nob. dans les listes jointes au *mémoire* de M. Dufrénoy *sur les ter. tert. du midi de la France.*

VENUS CASINOIDES Lam. éd. 1ᵃ, foss. n° 1 ; éd, 2ᵃ VI, p. 376. — Basterot, p. 89, n° 2 ; pl. 6, f. 11. — D'Orb. Prodr. III. p. 106, n° 1966 (*falunien*, B).

Calcaire de Bazas dans ses parties les plus dures et subcristallines, à l'état de moule interne et sans aucun reste d'empreinte extérieure, ce qui m'empêche d'être parfaitement certain de ma détermination ; mais je serais bien embarrassé pour placer ailleurs ce moule unique, à cause de sa forme générale. C'est à Villandraut que M. Linder l'a recueilli.

Venus multilamella Lam. (sub *Cytherea*) n° 2 (foss.) — Hœrnes, Bass. Vienne, II, p. 130, n° 10 ; pl. 15, f. 2, 3.
> *Venus subcincta* et *subrugosa* D'Orb. Prodr. III, p. 106, n°s 1971 et 1981 (*falunien* B), *ex* Hœrnes.

Fragments d'empreintes un peu douteuses à cause de leur petitesse.

Tout ce groupe des Vénus ou Cythérées à plis saillants est d'une extrême obscurité, et M. Hœrnes lui-même n'a pas cité tous les synonymes qui seraient susceptibles d'y trouver place. J'imite sa réserve, faute d'avoir pu étudier à fond cette espèce, dont je possède une bonne valve, de Mérignac.

Venus Aglauræ Brongn. (*sub genere Corbis?*) Vic. p. 80 ; pl. 5, f. 5, a. b. ; 1823 (ic. bon.). — D'Orb. 1847, Prodr. II (1850), p. 322, n° 465 (*suessonien*, B). — Mayer, Journ. conchyl. 1858, t. 7 (2ᵉ sér. t. 3), p. 85, n° 26 ; pl. 4, f. 1 ; icon. et descript. optimæ ! (*Tongrien* et *Aquitanien*, Mayer).
> *V. Corbis* Ch. Des M. *in* Dufrénoy, Terr. tert. du midi, p. 29 et 119 (calc. gross. et faluns), 1834 ; non Lam.

Assez commun à l'état de moules surtout, et d'empreintes extérieures fort nettes. On en trouve souvent aussi des moules, en fort bon état, parmi les pierres concassées qui servent à l'entretien des chemins autour de Cazeneuve, et qui proviennent de la carrière.

Cette belle espèce, assez commune dans le falun de Mérignac (très-rare dans celui de Saucats, étage *aquitanien* de M. Mayer), abonde dans toute l'épaisseur de notre calcaire à Astéries : j'en ai sous les yeux, à l'état de moule ou d'empreinte, comme à Cazeneuve, 34 échantillons de Saint-Macaire, Cambes, Quinsac, Cenon-La-Bastide, Floirac, Vire-lade, Barsac et La Roque de Tau.

C'est à M. G. Mayer seul que nous devons la connaissance du vrai nom de cette espèce. Elle joue un rôle multiple et important dans nos terrains où elle se fait remarquer par sa taille et l'élégance d'une ornementation qui la rapproche des *Venus reticulata, verrucosa* e *Corbis* de Lamarck ; elle est bien moins voisine de la belle espèce d'Italie (*V. excentrica* Agass.).

D'Orbigny avait eu le mérite de fixer sa place dans le genre *Venus* ;

mais il déroutait les paléontologistes en plaçant tous les fossiles du célèbre mémoire d'Alex. Brongniart dans son étage *suessonien*, B. Il paraît n'avoir pas eu connaissance de l'existence de ce fossile dans nos calcaires et nos faluns miocènes (*falunien* A et B).

CARDIUM DISCREPANS Basterot, p. 83, nᵒ 7; pl. 6, f. 5. — D'Orb. Prodr. III. p. 118, nᵒ 2204 (*falunien*, B). — Hœrnes, Bass. Vienne, II, p. 174, nᵒ 2; pl. 24, f. 4, 6.

Un moule complet, de 4 centim. de grand diamètre, a été recueilli par M. Samy dans la carrière. Le test de cette belle espèce est souvent bien plus grand dans les faluns; mais le moule, dans les calcaires à Astéries, est presque toujours plus petit et ne montre qu'une valve.

CARDIUM MULTICOSTATUM, var. α Basterot, p. 83, nᵒ 6; pl. 6, f. 9.
An verè var. *C. multicostati* Brocch. p. 506, nᵒ 9; pl. 13, f. 2?? — D'Orb. Prodr. III, p. 183, nᵒ 358 (*subapennin*)?

Abondant, mais assez mal conservé (moules et empreintes) dans les parties les plus dures et subcristallines du *calcaire de Bazas*, à Villandraut, d'où il a été rapporté par M. Linder.

Je doute fort, je l'avoue, que notre fossile bordelais de Léognan, Gradignan, Martillac et Villandraut ne soit qu'une simple variété, comme pense M. de Basterot, du *C. multicostatum* Brocchi, grande et forte espèce cordiforme oblique, tandis que la nôtre est bien plus petite et presque équilatérale. Ne possédant pas en nature l'espèce italienne, j'aime mieux en laisser deux sous un nom que d'en inscrire une seule sous deux noms; d'ailleurs, il n'y a pas d'ambiguïté dans la citation que je fais aujourd'hui, puisque je l'appuie sur une figure et une diagnose de Basterot; cela suffit au but du présent travail.

ARCA CARDIIFORMIS Basterot (1825), p. 76, nᵒ 5; pl. 5, f. 7. — D'Orb. Prodr. III, p. 123, nᵒ 2326 (*falunien*, B). — Hœrnes, Bass. Vienne, II, p. 331, pl. 43, f. 3, 4, 5. — Desh. *in* Lam. ed. 2ᵃ 1835, VI, p. 480, nᵒ 12 (*foss*).

Moules et empreintes extérieures et intérieures, C. Cette espèce est, comme on sait, une des plus abondantes et des plus caractéristiques du falun de Mérignac.

ARCA DILUVII Lam. 1ʳᵉ éd. nᵒ 2 (*foss.*). — Nyst. Foss. Belgiq. p. 255, pl. 20, fig. 3 (icon optima!) — Hœrnes, Bass. Vienne, II, p. 333, nᵒ 8; pl. 44, f. 3 a. e.
A. subdiluvii D'Orb. Prodr. III, p. 123 (1852), nᵒ 2321 (*falunien* B).

Empreinte extérieure. Cette espèce, de même que dans le falun de Mérignac, paraît beaucoup moins abondante à Cazeneuve que l'*A. cardiiformis;* je n'oserais pourtant dire que cette rareté soit très-grande, parce que la grossièreté du grain de la pierre rend les empreintes et les moules bien moins faciles à distinguer entr'eux, et je n'en ai qu'une empreinte qui paraisse nettement distincte. Ce qui m'a même déterminé à passer par-dessus l'hésitation que je ressentais encore, c'est que les parties creuses de l'empreinte (côtes de la coquille) sont manifestement *plus larges* et moins ridées que leurs intervalles, et l'excellente figure de Nyst, citée par Hœrnes, me semble sous ce rapport, complètement décisive. M. Linder en a trouvé des débris dans le calcaire à *Ostrea producta* d'Uzeste.

Bien que M. Hœrnes cite aussi pour cette espèce la 2ᵐᵉ éd. de Lamarck, je n'ai pas osé la citer, parce que M. Deshayes y dit positivement (t. VI, p. 476, 477, *en note,* que l'espèce *de Bordeaux* est différente, à ses yeux, de celle à laquelle il conserve le nom d'*A. diluvii*; et qu'il ne donne pas le nom qu'il attribue à cette espèce *bordelaise.*

ARCA CLATHRATA Defrance. — Lam. nᵒ 6 (*foss.*). — Basterot, p. 75, nᵒ 3; pl. 5, f. 12, — D'Orb. Prodr. III, p. 123, nᵒ 2325 (*falunien,* B). — Hœrnes, Bass. Vienne, II, p. 340, nᵒ 14; pl. 44, f. *a-e.*

Empreintes et moules de petite taille (jamais complets) mais bien caractérisés. C, ainsi qu'à Mérignac où la taille est plus forte. Quand le moule appartient à un individu jeune et bien frais, dont la partie postérieure est prolongée et bien côtelée, on croirait avoir affaire à l'*A. Breislaki* Bast; mais les dents de la 'charnière sont trop fortes et trop espacées pour appartenir à cette dernière espèce qui les a excessivement fines et serrées.

CHAMA GRYPHOIDES L. Basterot (*pro parte*), p. 81, nᵒ 1, Lam. nᵒ 3. — Hœrnes, Bass. Vienne, II, p. 210, nᵒ 1; pl. 31, f. 1, *a-f.*
Chama Brocchii D'Orb. Prodr. III, p. 185, nᵒ 396 (*subapennin*).
Chama asperella (Lam.) Michelotti, Foss. mioc. Ital. (1847).
C à l'état de moules de la grande valve, et plus petit, dans cette localité, que l'espèce suivante.

M. Hœrnes ramène le *Chama asperella* Lam. au Ch. *gryphoides.*

CHAMA GRYPHINA Lam. nᵒ 2, (*foss.*). — Hœrnes, Bass. Vienne, II,

p. 212, n° 2 ; pl. 31, f. 2 *a-d.* — D'Orb. Prodr. III, p. 127, n° 2402 (*falunien*, B) et p. 105, n° 398 (*subapennin*).

Chama gryphoides Basterot, *pro parte,* p. 81, n° 1 ; NON L.

Un seul échantillon à l'état de moule *complet,* a été trouvé par M. Samy dans la carrière ; il est d'une grande taille et d'une rare beauté. Un ou deux autres moules de la grande valve seulement, mais fort petits, ont aussi été recueillis.

Nous avions rencontré la même espèce l'an dernier, dans la carrière des rochers de Saint-Vivien, à Bazas ; mais je la confondis par inadvertance, dans mon procès-verbal de la 49ᵉ Fête Linnéenne, avec des débris d'huîtres indéterminées que nous avions recueillis en même temps.

Ces deux espèces de *Chama,* à cause de leur irrégularité, ne peuvent être distinguées que par la direction de leur grand crochet ; elles se trouvent toutes deux à Saucats et à Mérignac. Le *gryphoides* (dextrorse) paraît y être plus rare que le *gryphina* (sinistrorse), et ce dernier y offre une variété constante, caractérisée par la forme *angulaire* de la valve inférieure : on croirait avoir sous les yeux un *Exogyra* de Goldfuss. Le *Ch. gryphina* se rencontre aussi dans nos calcaires miocènes de La Roque de Tau.

Les auteurs, je le répète, ne donnent aucun caractère qui me paraisse *valide* pour la distinction spécifique des *Chama gryphoides* et *gryphina.* Je ne sais si l'examen comparatif et *très-détaillé* de près d'une centaine de valves que j'en possède, vivantes ou fossiles, grandes ou petites, m'amènerait à découvrir enfin quelque *bon* caractère ; mais n'ayant pas en ce moment le loisir de me livrer à cet examen, que je réserve pour mon travail général sur nos moules, j'avoue que je ne saurais me défendre de présumer que la direction dextre ou sénestre du grand crochet est purement individuelle, accidentelle et commandée par *la place du point d'adhérence.* Voici le cas, très-analogue assurément, sur lequel je crois pouvoir fonder cette présomption.

L'an dernier, en 1866, trois ou quatre millions d'huîtres de Lisbonne (*Ostrea angulata* Lam. sub *Gryphœa*) ont été importées dans les parcs à huîtres d'Arcachon. J'en ai vu beaucoup, et la grande majorité, la presque totalité a son grand crochet (vu en dehors) incliné vers *la droite :* cependant, notre collègue, M. Alexandre Lafont, qui consacre tous ses soins à la direction du musée d'Arcachon, m'en remit, pour la collection de la Faculté des Sciences de Bordeaux, un individu vivant dont le grand crochet est tourné *à gauche*. Pendant le séjour que je viens de faire à Arcachon, je me suis beaucoup occupé de cette anomalie, et j'ai réussi à trouver, parmi des tas de coquilles d'huîtres *mangées* et jetées dans les rues, *une* valve inférieure manifestement tournée *à gauche*, deux autres ne montrent qu'obscurément cette direction, qui est bien plus obscure encore dans la valve supérieure, coupée presque carrément et souvent sans inflexion, parce qu'elle manque de *crochet* prolongé hors du disque. Toutes mes autres valves inférieures sont manifestement tournées *à droite* et, en outre de tout ce que j'ai examiné et distribué, j'en ai encore sous les yeux, au moment où j'écris, quatorze manifestement dextres, contre *une* manifestement sénestre et deux dont la direction est obscure.

Ce n'est, au reste, que d'une manière fort impropre que j'emploie ce mots, *dextre et sénestre*, car l'anomalie n'affecte nullement l'animal. Il n'est nullement *renversé* de droite à gauche, car l'impression musculaire, si éminemment caractérisée dans cette espèce par sa couleur d'un *violet noirâtre* plus ou moins intense, est toujours placée *à gauche* dans la valve inférieure, *à droite* dans la valve supérieure (toutes deux vues en dedans et à plat) du *méridien* qui les partage dans leur longueur.

Si donc les choses se passent d'une manière analogue dans les Cames au sujet desquelles j'ai cru pouvoir me permettre cette digression, je suis convaincu que le *Chama gryphina* Lam. devra disparaître de la nomenclature *spécifique* du genre.

M. de Basterot semblerait avoir eu le même scrupule que moi, relativement à l'autonomie des deux espèces, car il donne (p. 81) pour synonyme *douteux* à son *Chama gryphoides* L. l'espèce de Lamarck ("An *C. gryphina* Lam. An. s. v., VI, p. 97?").

LITHODOMUS LITHOPHAGUS L. (sub *Mytilo*). —D'Orb. Prodr. III, p. 185, n° 391 (*subapennin*). — Nyst., Foss. tert. Belg. p. 272. n° 224 (sub *Mytilo*)

    Lithodomus sublithophagus D'Orb. 1847; Prodr. II, p. 391, n° 1083, (*parisien*, A).

Un fragment de moule, suffisamment caractérisé, et une valve isolée, de la forme raccourcie, mais un peu endommagée.

Bien que D'Orbigny ne cite cette espèce que dans le *subapennin*, il est évident, d'après la figure donnée par M. Deshayes (Coq. foss. de

Paris, t. 1er; pl. 38, f. 10, 11, 12), que l'espèce linnéenne s'est maintenue identique depuis le terrain *éocène parisien* A, en traversant tous les étages miocènes et pliocènes, jusqu'à l'époque actuelle où nous la voyons vivre dans les mers des deux hémisphères. Le *Lithodomus sublithophagus* d'Orb., du *parisien* A, n'a donc été institué que pour des besoins *d'étage*, et personne, à coup sûr, ne sera tenté désormais, de l'adopter comme autonome.

LITHODOMUS CORDATUS Lam. (sub *Modiolâ*) n° 3 (*foss.*) — Desh. Coq.
　　foss. Paris, t. 1er, p. 268, n° 14; pl. 39, f. 17, 18, 19. —
　　D'Orb. Prodr. II, p. 391, n° 1083 (*parisien*, A).
　　Modiola cordata Basterot, p. 79, n° 1.
　　Et *Mytilus subcordatus* D'Orb. 1847; Prodr. III, p. 126, n° 2370
　　　　(*falunien*, B).

Un très-beau moule complet; quelques autres, gros aussi, n'ont pu être dégagés de leur gîte; plusieurs autres, très-petits, ont été parfaitement dégagés.

Les observations auxquelles donne lieu l'espèce précédente s'appliquent de tout point à celle-ci, qui varie presque autant que l'autre par sa taille, et se trouve également dans les divers étages tertiaires; le *subcordatus* de D'Orbigny doit partager le sort de son *sublithophagus*.

L'un et l'autre se rencontrent assez fréquemment dans nos calcaires à Astéries et dans ceux des environs de Dax.

MYTILUS OBLITUS Michelotti, Foss. miocèn. Ital. (1847), p. 93, n° 1 ;
　　pl. 4, f. 8; et Étud. miocèn. infér. Ital. (1861), p. 77. —
　　D'Orb. Prodr. III, p. 126, n° 2375 (*falunien*, B).

Un seul moule de la valve droite, conservant un vestige du test dont les stries m'ont permis de bien déterminer l'espèce : il est déposé au Musée de Bordeaux. La carène dorsale de la valve est moins prononcée et moins abrupte au côté antérieur de ce moule, qu'on ne le voit dans la figure citée et dans l'échantillon du calcaire à Astéries de Cenon-La-Bastide, qui me fut donné, il y a bien longtemps, par notre collègue, M. Édouard Legrand. Il résulte de là que cette jolie espèce, indiquée comme rare en Piémont par son auteur, ne l'est pas moins dans notre Sud-Ouest.

AVICULA PHALÆNACEA Lam. n° 15. — Basterot, p. 75. n° 1. — D'Orb.
　　Prodr. III, p. 127, n° 2397 (*falunien*, B).

C et très-grand dans la falaise du Ciron, et la carrière de Cazeneuve, à l'état de moule qui reproduit presque toujours les deux valves jointes ou à peine déplacées.

Je me conforme à l'opinion de M. de Basterot, adoptée généralement aujourd'hui, ce me semble, en conservant le nom spécifique *phalænacea* à ce grand et beau fossile que Lamarck croyait spécifiquement distinct des petits individus sur lesquels il établissait son espèce ; dans la 2ᵉ édidion, M. Deshayes ne dit rien de plus que l'auteur primitif.

Des trois beaux individus qui composent ma part dans le résultat de nos-communes recherches, il en est deux qui ont été fossilisés lorsqu'ils étaient encore à l'état vivant, et un qui ne l'a été qu'après la mort de son habitant (1). La preuve en est dans les nombreux individus de *Spirorbis* qui, fixés *à l'intérieur* du test, ont laissé leur empreinte en creux et souvent leurs propres moules, en tout ou en partie, sur le moule pierreux de l'Avicule. Ils y sont accompagnés d'empreintes très-élégantes de divers bryozoaires (*Flustra*, etc.), et rien de semblable ne se voit sur mes deux autres échantillons, non plus que sur les moules des univalves et des bivalves qui ont été saisies, à l'état vivant, par la fossilisation ; quelques moules d'univalves fossilisées après la mort (*Turritella*, etc.) offrent également des Spirorbes.

Cette sorte de certificat de vie ou de mort s'explique facilement et d'une manière certaine ; car si l'on conçoit l'établissement d'une annélide testacée *à l'intérieur mais près de l'ouverture* d'une coquille univalve dont l'animal, en se contractant profondément dans son test, en laisse l'entrée complètement à nu et à la disposition de l'ambryon étranger qui vient s'y fixer, cela ne peut se concevoir pour l'intérieur d'une bivalve qui, tant que son habitant conserve la vie, a constamment, *jusqu'à leur extrême bord*, ses valves *tapissées* en dedans par le manteau de l'animal ; les embryons étrangers ne peuvent venir s'y fixer.

Le joli Spirorbe dont il est ici question ne me paraissant pas décrit, je lui ai donné, au commencement de ce travail, le nom de *Spirorbis tricarinatus*.

Pecten Beudanti Basterot, p. 74, nᵒ 3 ; pl. 5, f. 1 A, B, C (1825). — D'Orb. Prodr. III, p. 128, nᵒ 2415 (*falunien*, B). — Desh. *in* Lam. éd. 2ᵃ, VII, p. 162, nᵒ 30 (*foss.*).

------

(1) Cette distinction a déjà été faite, en 1847, et précisément à l'occasion d'un *Spirorbis*, par M. Michelotti (*Fossiles miocènes de l'Italie septentrionale*, p. 71)

(45)

Un seul fragment du test, mais impossible à méconnaitre, a été
recueilli, empâté dans le calcaire.

OSTREA UNDATA Lam. n° 15 (*foss.*). — Raulin et Delbos! Extrait d'une
monogr. des Ostrea des terr. tert. de l'Aquitaine (*in* Bull. soc.
géol. de France, 2e sér t. 12, (1855) 2e part. pp. 1144-1164),
p. 1163, n° 32.
    Ostrea aquitanica Mayer, Journ. de conchyl., t. 7 (3e de la
2e sér.), p. 190, n° 33 (1858).

Deux valves supérieures, de moyenne taille, ont été recueillies pour
le musée de Bordeaux. C'est M. Raulin qui a bien voulu se charger de
déterminer cette espèce et la suivante, afin qu'elles portassent authentiquement les noms qu'il leur a attribués, de concert avec M. Delbos,
dans une publication spéciale à notre région.

OSTREA PRODUCTA Raulin et Delbos ! loc. cit. p. 1159, n° 20.
    O. *cyathula* Hébert et Renevier, *non* Lam.

Deux valves inférieures, élégamment plissées et parfaitement conservées, ont été recueillies, ainsi que trois valves supérieures (aplaties
et sans plis), lesquelles sont imparfaitement conservées et ne sont
attribuées qu'avec une *presque certitude* à cette jolie espèce.

De très-beaux échantillons de cette espèce, ayant leurs deux valves
unies, sont empâtés dans un calcaire blanc très-tendre, que M. Linder a
exploré à Uzeste.

ANOMIA COSTATA ? Bronn. — Brocchi, p. 463, n° 5; pl. 10, f. 9. —
    D'Orb. Prod. III, p. 187, n° 431 (*subapennin*).

Je ne saurais dissimuler que, vu l'état de mes échantillons, et vu
surtout l'excessive variabilité plastique des formes dans ce genre, c'est
avec la plus grande défiance que je me hasarde à proposer un nom
spécifique pour cette charmante Anomie, dont tout le test semble formé
de feuillets de nacre *argentée*. Nous en avons recueilli : 1° en cet état
(à la carrière de Cazeneuve), plusieurs valves supérieures très-bombées
et relevées de gros sillons noueux, ainsi qu'une valve inférieure très-
plate ; 2° dans les parties de la roche où le grain est moins fin et moins
uniforme, quelques valves supérieures non nacrées, plus solides et complètement isolées.

J'en avais recueilli, l'an dernier, aux rochers de Saint-Vivien (Bazas ,
une valve supérieure non nacrée : elle fut omise dans mon procès-
verbal de la 49e Fête Linnéenne, où, faute d'échantillons suffisamment

déterminables, j'inscrivis les menus fragments *brillamment nacrés* que renfermaient les parties un peu gréseuses de la roche, sous cette indication vague : "*Avicula?* ou tout autre genre brillamment nacré".

D'autres échantillons bien nacrés ont été recueillis par M. Linder à Uzeste, dans le calcaire à *Ostrea producta.*

Je crois posséder la valve supérieure de cette même espèce, des faluns de Mérignac où elle est rare, salie et ternie par l'argile ocreuse qui s'y mêle au sable. Là, sa forme se montre distinctement analogue à celle des individus *transverses* de l'*A. costata* Brocchi, mais la direction des côtes n'est pas celle de l'individu que Brocchi a figuré, pl. X, fig 9, elle est analogue à celle que présente l'individu décrit mais non figuré par cet auteur (toutes *convergentes* vers le sommet), et elles sont moins régulières, moins saillantes et moins arrondies que dans la fig. 9.

Les échantillons de Cazeneuve paraissent plus arrondis et moins transverses que ceux de Mérignac ; c'est sur l'analogie des côtes que je m'appuie pour oser proposer l'assimilation des uns aux autres, craignant surtout, à l'exemple de notre illustre maître M. Deshayes, « d'augmenter » la confusion en ajoutant des espèces dont les caractères et la valeur nous laisseraient du doute. » (*in* Lam. éd. 2ª, t. 7, p. 276, en note).

Pour tout autre genre, la citation d'un nom attribué au *subapennin* pourrait laisser planer une grave incertitude sur son application à une coquille du falunien A ; mais ici encore, je m'appuie sur une parole de M. Deshayes qui (même page), en parlant de son *A. tenuistriata,* le cite « dans tous les terrains marins depuis les inférieurs du Soisson- » nais jusqu'aux supérieurs ; on les trouve aussi dans les terrains de » même âge de la Belgique, de Valogne et d'Angleterre. »

En faisant, d'ailleurs, la proposition d'attribution qu'on vient de lire et que j'ai faite mienne par l'étude directe des textes et des figures cités ci-dessus, ainsi que des échantillons, descriptions et figures des espèces voisines, je n'ai fait que me conformer à une tradition déjà vieille, car M. de Basterot, en 1825, disait à la page 74 de son utile travail . « On » cite aux environs de Bordeaux une espèce de ce genre, *A. costata* » Brocchi, conch. subap. pl. X, f. 9, *A. burdigalensis* Defr. Dict. des » sc. nat. t. II, p. 67, etc. Je ne la connais que par ces indications. » J'en puis dire autant que M. de Basterot, et j'ajoute que l'indication de Defrance est complètement fautive ; il ne mentionne cette espèce ni à la p 67 ni à l'article *Anomie,* ni dans son *Tableau des corps organisés fossiles.*

GASTÉROPODES.

NERITINA SUBCONCAVA D'Orb. 1847; Prodr. III, p. 40, n° 607 (*falu-nien*, B).

  Neritina concava, *ε lineolata* Grat. Conch. Adour. pl. 1, f. 20 (*ic. bona!*)

Je me borne à l'indication de cette seule figure de Grateloup, parce que c'est la seule qui montre, avec la forme générale et la taille d'un *moule* qui n'est pas très-rare dans le calcaire de Cazeneuve, les *linéoles noires, brisées,* sur fond blanc, conservées dans un fragment du test lui-même, (qu'il m'a été impossible de dégager tant il était petit et délicat) dont j'ai constaté l'existence dans un bloc de ce même calcaire.

En présence de matériaux si peu nombreux, je ne puis rien affirmer avec une entière certitude quant au nom de l'espèce, puisqu'il en est d'autres qui montrent aussi des linéoles noires brisées (surtout à Mérignac); cependant, et à cause de la conformité de galbe et de taille du moule, c'est avec quelque confiance que je propose ce nom, tout en m'abstenant d'une synonymie plus étendue, car je n'aurais pas le moyen de l'appuyer sur figures ou échantillons authentiquement dénommés. Les délicates et élégantes figures que donne M. Sandberger dans son *Bassin de Mayence* ne montrent rien de semblable à mon échantillon.

Quant à la détermination générique, elle ne me laisse aucun doute, bien que je n'aie pu conserver, bien détaché, qu'un seul moule; mais les moules de Néritacés ont un type tellement distinct de celui des Naticidés (par la forme du *tortillon*), que toute erreur sur ce point est impossible. A Cazeneuve, ces moules sont ordinairement empâtés dans les parties les plus durcies du calcaire, où ils laissent une empreinte *paucispirée* et presque globuliforme; ils conservent quelquefois un reste de la couche interne, blanche et comme farineuse, du test. J'aurais pu conserver plusieurs moules et plusieurs empreintes, si je n'avais méconnu longtemps ces vestiges intéressants, lorsque je fractionnais mes échantillons de calcaire pour en tirer des fossiles plus nombreux.

NATICA PSEUDO-EPIGLOTTINA? Sismonda. — D'Orb. Prodr. III, p. 38, n° 569 (*falunien,* B).

Cette espèce, confondue par Grateloup avec ses *N. tigrina* ou *epiglot-tina,* me semble représentée dans nos récoltes de Cazeneuve par un

petit moule que recueillit M. Samy; mais ce n'est pas sans hésitation
que je me détermine à proposer un nom, dans un pareil genre, en présence d'un seul échantillon.

Natica elongata Michelotti, Étud. mioc. inf. Ital. p. 88, pl. 10, f. 3, 4
      (1861).

Cette espèce assez belle et très-distincte de toutes les autres Natices
tertiaires, paraît rare à Cazeneuve. Elle est à l'état de moule; sa forme
est élancée au point de la faire ressembler à un Buccin de taille assez
forte (3 centimètres). Un autre moule, conservant des fragments de
son test, y a été recueilli, mais tellement écrasé et défiguré, que je ne
le cite qu'avec quelque doute. Je possédais déjà deux moules de cette
espèce, recueillis à Saint-Morillon, près La Brède, par M. Jos. Delbos,
qui me les donna *sans nom*, bien des années avant que M. Michellotti
leur en imposât un. Saint-Morillon est une localité girondine trop
rapprochée du Bazadais pour ne pas présenter la même assise du
terrain miocène.

Genre VERMETUS.

Vermetus arenarius L. (sub *Serpulâ*). Hœrnes, Bass. Vienne, I, p. 483;
      pl. 46, f. 15, *a-b*.
    Vermetus gigas Bivona. — Michelotti, Foss. mioc. Ital. (1847), p.
      163, n° 1. — D'Orb, Prodr. III, p. 47, n° 775 (*falunien*, B).

M. le Dʳ Souverbie a dégagé de la falaise un magnifique échantillon,
composé de deux *retours* et du sommet spiral du moule pierreux
interne, reposant dans un lit formé de leur empreinte finement *striée*,
légèrement *côtelée* et *granulée* longitudinalement. Il est contenu entre
les deux valves du moule interne d'un grand individu d'*Avicula phalœnacea* fossilisé *post mortem*, puisqu'il est couvert d'empreintes et de
moules de *Spirorbis tricarinatus*; il est déposé au musée de Bordeaux.

D'autres échantillons, en nombre considérable (tronçons du moule
interne ou empreintes), ont été recueillis (mais variant beaucoup pour
la taille et ne présentant pas ces riches empreintes extérieures), soit
dans la falaise, soit dans la carrière de Cazeneuve.

La même espèce, offrant diverses variétés de dessin dans l'ornementation de son test, a été plusieurs fois observée dans les faluns de
Léognan, Saucats, Mérignac, etc.

En plaçant l'espèce sous ces deux noms authentiquement synonymes

(*arenarius* et *gigas*), je ne cours pas le risque de me tromper, puisque les auteurs modernes réunissent, sous l'un ou l'autre de ces deux noms, tous les Vermets (anciennes *Serpules*) tertiaires de la plus forte taille. Ils s'accordent avec M. Deshayes (art. *Vermet, in* Lam. 2ᵉ éd. t. 9) et avec M. Milne-Edwards (art. *Serpule, in* Lam. 2ᵉ éd. t. 5) pour dire qu'on ne sait encore à peu près rien sur la spécification de ces animaux Leurs formes d'ornementation, irrégulières et si diverses, constituent-elles de simples *variétés* ou de véritables espèces? L'étude directe de l'animal de chacune d'elles pourrait seule fournir les moyens de répondre avec certitude à cette question; mais on peut, d'avance, se tenir pour très-assuré que les catalogues actuels de Serpules renferment un grand nombre de doubles emplois. Tel est le résumé, peu consolant, de ce que nous disent les maîtres de la science.

Pour les fossiles, la difficulté s'accroît, puisque l'espoir des preuves anatomiques fait défaut, et n'est remplacé que par la chance plus ou moins rassurante des déductions analogiques. Le *Vermetus arenarius* s'est-il perpétué, sous la forme de variétés plus ou moins voisines du type, depuis les formations tertiaires, jusqu'à l'époque où on le trouve vivant dans les mers très-chaudes? Chacun pourra, là-dessus, avoir son avis : quant à moi, je n'en ai point, n'étant pas en mesure de comparer la coquille vivante aux fossiles ; mais je crois pouvoir faire remarquer qu'un certain nombre de coquilles, parmi les *perforantes* surtout, semblent jouir d'une résistance plus prolongée au renouvellement des faunes.

Ce qu'il y a de bien certain, — et c'est déjà quelque chose pour notre étude zoologique, — c'est que nous avons affaire à des *Vermets*, vrais mollusques, et non à des *Annélides* du genre *Serpule*, car Blainville, (Dict. sc. nat. t. 48, p. 550) puis M. Deshayes (*in* Lam. 2ᵉ éd t. 9, p. 62, 63) nous enseignent que ce genre de trachélipodes a, comme certaines Turritelles et Cérites, et comme le genre Siliquaire son voisin le plus proche, des cloisons testacées EN FORME DE VOUTE qui ferment hermétiquement, à des distances inégales, le tube du côté de son *spiroïde* initial. Lors donc qu'on peut constater l'existence de ces voûtes concaves du côté qui regarde l'ouverture, on est en possession d'un *criterium* indiscutable, car, disent ces auteurs illustres, l'anus étant, chez les annélides, placé à l'opposite de la bouche, il faut que le tube reste ouvert *à ses deux* EXTRÉMITÉS : il ne peut donc pas se terminer, comme celui des Vermets, en un *sommet* ordinaire de spire.

Ceci me fournit l'occasion d'affirmer un fait dont je ne me souviens pas d'avoir vu nulle part annoncer l'existence, soit pour les Serpules, soit pour les Vermets ; c'est que les *Vermets*, qui s'établissent d'ordinaire à la surface des corps marins, peuvent aussi — certains d'entr'eux du moins, — être PERFORANTS. J'avais toujours considéré comme des Serpules certains tuyaux d'une grande blancheur et d'un faible calibre, qui parcourent en tous sens l'intérieur des masses madréporiques de *Porites incrustans* Defr. = *Litharœa asbestella* D'Orb., qu'on trouve en si grand nombre dans le falun de Mérignac ; mais ce sont de vrais Vermets non régulièrement enroulés et dont le parcours vagabond est d'une grande longueur, car on y trouve espacées à des distances plus ou moins fortes, soit les traces à bords très-minces, soit les voûtes complètes et bien en place, de cette sorte de cloisons. Je n'ai pu constater encore s'il en est de même des tubes en apparence semblables qui traversent les masses de Porites vivantes des Antilles.

Je reviens au Vermet fossile qui porte les noms d'*arenarius* et de *gigas*, et je me demande s'il ne serait pas possible d'arriver à la détermination de quelques-unes des variétés qu'il offre et que Lamarck a distinguées *spécifiquement* — à tort ou à raison? je répète que nous n'avons pas le moyen de nous en assurer maintenant — sous le nom de Serpules. J'accepte, provisoirement, ce point de départ posé par lui, que certaines espèces *vivantes* ont des variétés *à l'état fossile*, et je cherche à reconnaître quelques-unes de celles qui se trouvent dans nos faluns. M. Deshayes (*in* Lam. éd. 2ᵃ, t. 9, p. 66, art. *Vermet*, dit expressément qu'il reconnaît, en Italie et en Morée, l'analogue fossile de cette grande espèce (*Vermetus arenarius*).

M. Hœrnes (*Bassin de Vienne*) et M. Michelotti ont adopté exactement la même diagnose pour leur *Vermetus arenarius* = *gigas* ; la voici :

Testâ magnâ, solitariâ, cylindricâ, solidâ, longitudinaliter subgranulatâ, striatâ vel costatâ, variè contortâ, quandoque spiratâ.

Cette espèce qui est le *Serpula arenaria* L. a pour synonymes, dans les deux ouvrages cités :

Serpula sipho Lam.
Serpula dentifera Lam.
Serpula polythalamia Brocchi,

auxquels il faut nécessairement ajouter *S. arenaria* Lam. n° 26,

puisque Lamarck le donne pour une espèce *linnéenne* et cite des figures
que d'autres auteurs revendiquent pour leurs espèces fossiles ; mais,
en qualité d'espèce vivante, elle est laissée de côté par MM. Hœrnes et
Michelotti. Je ne la connais pas à l'état vivant.

Voyons donc le n° 25 de Lamarck, *S. Sipho* que, malgré ses nombreuses variations, cet auteur « *croit distinct* » du *S. arenaria* vivant. Il
le donne également pour vivant dans l'Océan des Indes, à Timor, et lui
rapporte trois figures, savoir :

>Gualt. Conch. tab. 10, fig. L? (avec doute ; il a cité avec doute
>aussi, la fig. N de la même planche pour son *S. arenaria*).
>D'Argenville, conch. pl. 4, f. H.
>Adanson, Sénég. p. 165, pl. 11, f. 5, le *Masier*.

J'ai sous les yeux deux de ses figures : celle (L) de Gualtieri représente au jugement de cet auteur comme au mien, la même espèce que
sa fig. N, laquelle est rapportée par Lamarck à son *arenaria* ; seulement,
L est beaucoup moins sensiblement strié que N, et toutes deux sont
citées sans aucun signe de doute et en première ligne (comme les plus
anciennes, 1742) par M. Hœrnes pour son *Vermetus arenarius* fossile.
Elles s'accordent parfaitement avec la figure de celui-ci, pl. 46, f. 15,
dont le modèle est vu de deux côtés, l'un *lisse* (c'est le côté adhérent en
partie), l'autre fortement *strié*, avec un petit nombre de carènes granuleuses et saillantes, à grains allongés et écartés l'un de l'autre.

Les fig. LN de Gualtieri et la fig. 15 *a*, *b* du Bassin de Vienne, constituent pour moi la représentation du *type* (forme A) du *Vermetus
arenarius* (L. et Lam. sub *Serpula*) fossile, = *V. gigas* Biv., Michelotti,
D'Orb. Il faut y joindre comme synonyme le *Serpula polythalamia* (L.)
Brocchi (qu'il dit vivant dans l'Adriatique et fossile dans le Reggianais),
pour lequel il cite les deux figures LN de Gualtieri, et dont je possède
deux beaux tronçons (dont un avec cloison en voûte) fossile de Dax.
Cette Serpule est citée comme synonyme *douteux* du *S. dentifera* Lam.
n° 24 par M. Milne Edwards (*in* Lam. ed. 2ª, V. p. 625). Je préfère y
voir le *type* de mon fossile.

A ce *type* répond exactement, dans ma collection, un bèl individu
recueilli en 1841 dans le falun de Léognan par un paysan-collecteur
et marchand nommé Lafont, de qui je l'ai acheté. M. Hœrnes le cite
de cette localité, ainsi que du falun de Manthelan près Tours, d'où j'en
possède également un beau tronçon sans cloisons, donné par M. de
Grateloup. J'y rapporte enfin, à cause de son fort calibre, mais avec

doute parce qu'il est fortement roulé et privé de tous les ornements extérieurs de son test, un tronçon presque héliciforme et sans cloisons conservées, que j'ai recueilli dans le falun de Mérignac.

Ceci sera donc pour moi la forme (ou variété?) A gigas Bivon. — Gualt. tab. 10, f. L, N.

Vermetus arenarius Lam. (sub *Serpulâ*), n° 26. — Desh. *in* Lam. ed. 2ᵃ, IX, p. 66. — Hœrnes, *Bassin de Vienne*, fig. citée ci-dessus.

Serpula polythalamia Brocchi, p. 268, n° 5.

Forme (ou *variété?*) B sipho Lam.

Je n'ai pas encore parlé de la seconde figure rapportée par Lamarck à son *Serpula sipho,* et que je puis étudier. C'est celle du *Masier* d'Adanson, vivant, mais rare, sur les côtes du Sénégal. Lamarck la cite sans la faire suivre d'un point de doute, et je crois devoir la considérer, par conséquent, comme représentant anthentiquement son *Serpula sipho,* qui sera pour moi la forme B du *Vermetus arenarius* = gigas, et qui, si elle venait à être reconnue pour spécifiquement distincte, devrait prendre, par droit d'antériorité, le nom de *Vermetus Masier* Adans.

Son tube est de même forme et de même taille que celui de la précédente, et ne montre point de stries longitudinales, mais on voit de nombreuses aspérités marquées sans régularité à la surface de son test. Évidemment, la figure est mauvaise, incomplète, puisqu'Adanson, si exact dans ses descriptions, dit (p. 166): « Coquille.... marquée de *vingt cannelures longitudinales extrémement fines....* »

Sur des tests aussi irréguliers que ceux des Vermets, il n'y a pas lieu de *compter* les *stries, cannelures* ou *petites côtes :* c'est l'ensemble du faciès qu'il faut saisir. Or, les « vingt cannelures » d'Adanson peuvent se retrouver, soit en considérant les côtes *supposées présentes* tout autour du tube, soit au nombre de cinq environ sur le *dos* du tube (partie supérieure non adhérente) et en considérant qu'elles sont séparées l'une de l'autre par *quatre* — quelquefois trois ou cinq — fines stries granuleuses. — Ces côtes principales sont ou à peu près lisses, ou très-finement granuleuses, ou relevées de granules bien plus gros, plus espacés, comprimés et presque dentiformes; et parfois ces granulations sont semées sans régularité linéaire, et très-rapprochées sur le tube. C'est alors qu'on ne peut qu'être frappé de la ressemblance extrême *d'ensemble* qu'offre la coquille avec la figure du *Masier* d'Adanson. — Et comme toutes ces variations diverses se trouvent réunies et fondues

sur divers points *du même tube*, je conclus qu'il faut ici *une apprécia-
tion d'ensemble* et non *de détails*.

Ma forme B est la plus voisine du type A; elle offre, dans les faluns
de Léognan, toutes les nuances dont je viens d'exposer les détails. Je
l'ai retrouvée, très-bien caractérisée mais un peu plus petite, dans ceux
de Gradignan, et M. Laporte qui me l'a donnée de Léognan, m'a généreu-
sement abandonné un échantillon trouvé par lui dans les faluns de
Martillac (domaine Von Hemert).

Sa synonymie particulière, comme var. de l'*arenarius* = *gigas*, sera
pour moi :

Forma B sipho Lam. — *Serpula sipho* Lam. nº 25. — Edw. *in* Lam.
ed. 2ª, V. p. 626.

Le *Masier*, Adans. Sénég. p. 165, pl. 11. f. 5. = *Vermetus sipho*
Desh. in Lam. ed. 2ª, IX. p. 65.

Forme (ou *variété?*) C dentifera Lam.

Celle-ci, d'après M. Milne-Edwards, est le *Vermetus dentiferus*
Quoy et Gaim. Astrol., et appartient au genre *Magile* (ce qui, d'après
les paroles de Blainville et de M. Deshayes que j'ai rapportées, est absolument impossible). M. Hœrnes, d'ailleurs, rapporte sans hésitation le
Serpula dentifera Lam. à son *Vermetus arenarius*. Mes échantillons
appartiennent à la var. *eadem* C *fossilis, testis obsoletè cancellatis* Lam.,
à laquelle cet auteur attribue comme synonyme douteux le *Serpula
polythalamia* Brocchi, que je rapporte de préférence à la var. A. On le
voit clairement : nous tournons toujours, jusqu'ici, dans le même cercle.
Elle est grande, épaisse, solide, et se distingue de la précédente en ce
que ses côtes principales, sur le dos, sont dentifères, presque épineuses,
beaucoup plus écartées et séparées l'une de l'autre par cinq ou six
stries granuleuses, remplacées souvent par des séries de granulations
innombrables, saillantes et qui se lient l'une à l'autre par leurs bases,
de manière à former une sorte de réseau très-dense à petites mailles et
à intersections graniformes. Elle se lie évidemment à la forme B par ses
carènes dentifères, à la forme A par ses rides transversales.

Je ne la possède que de Castel-Arquato en Italie, (envoi de feu
B. Geslin), localité où M. Hœrnes signale la présence de son *Vermetus
arenarius*. De toutes les formes c'est la plus belle, et elle fait défaut,
jusqu'ici, à notre Gironde.

Sa synonymie particulière, comme var. du *Vermetus arenarius* = *gigas*, sera donc,

Forma *C dentifera* Lam.

Serpula dentifera Lam. n° 24 ; Edw. *in* Lam. ed. 2ª V. p. 625. —

Vermetus dentiferus Quoy et Gaim. Astrolab. t. 3. p. 291. pl. 67, f. 27,28. — Desh. *in* Lam. ed. 2ª IX. p. 65. —

Forme (espèce ?? ou *variété?)* D SULCATA Lam.

Maintenant — et bien contre mon gré — il me faut voler de mes propres ailes, car MM. Hœrnes et Michelotti n'admettent point le *Serpula sulcata* au nombre des synonymes du *Vermetus arenarius*. Ce n'est pas qu'ils en fassent une espèce distincte, — ils n'en parlent point, et me laissent ainsi toute ma liberté.

Or, le *Serpula sulcata* Lam. 1re et 2e éd. n° 22, indiqué comme vivant dans les mers de la Nouvelle-Hollande, et fossile en Touraine, a pour synonyme unique (outre celui de Blainville, Dict. sc. nat. t. 48, p. 558, où l'on ne trouve que la traduction française de la diagnose de Lamarck) le *Dofan* d'*Adanson,* Sénég. p. 164, pl. 11, f. 3 ; et encore est-il donné comme douteux. Selon moi, la description et la figure d'Adanson s'accordent fort bien avec la diagnose de Lamarck et avec mes échantillons tourangeaux, qui sont beaucoup plus *contortupliqués* que les formes précédentes du *Vermetus arenarius*. Mais comment pourrais-je me défendre de les considérer comme une quatrième forme de cette même espèce, lorsque, dans ces mêmes échantillons de Touraine, je trouve les caractères de l'*arenarius* reproduits, quoique affaiblis (stries, côtes et granulations) sur certains points d'un tube qui présente ailleurs les caractères du *Serpula costata?* Cela ne m'est vraiment pas possible, et c'est sans hésitation que j'ajoute cette quatrième forme aux précédentes. Les personnes qui ne voudraient pas adopter sa réunion à l'*arenarius* pourront le nommer *Vermetus sulcatus* Lam. (sub *Serpulâ*), ou mieux encore, en donnant leur concours à l'œuvre de M. Deshayes qui travaille — et réussira sans aucun doute — à faire restituer aux espèces leur nom le plus anciennement publié, *Vermetus Dofan* Adanson, avec le synonyme *Serpula sulcata* Lam.

Elle a pour nous aujourd'hui, cette forme, un intérêt tout particulier, car c'est celle qu'avec une évidence à mes yeux incontestable, nous avons retrouvée dans l'*Avicula phalænacea* de Cazeneuve, et qui s'y montre avec son empreinte extérieure et son moule interne. — Nous en avions déjà aperçu des traces en 1866, mais en bien mauvais état (*Serpula* de notre procès-verbal) à Saint-Vivien (Bazas).

Elle aura plus d'intérêt encore, si l'on veut bien accepter une opinion que je n'exprime pas sans quelque crainte, car elle est hardie. J'ai parlé de Vermets *perforants* dans les masses madréporiques du falun de Mérignac ; et je propose de reconnaître dans l'une de leurs deux espèces, dans celle qui vit à l'intérieur du *Porites incrustans* Defrance, du *Phyllocœnia Archiaci* M. Edw. et Haim. et de l'*Astrea Ellisiana* Defr., le *Serpula sulcata* Lam., le *Dofan* d'Adanson, en un mot, ma 4ᵉ forme D du *Vermetus arenarius*.

Sans doute, — et l'on s'y doit attendre —, les stries sont plus fines, les côtes sont moins saillantes, les granulations plus délicates, les rides transverses plus nombreuses que dans les individus qui vivent à la surface des corps marins ; mais le faciès, l'aspect général est si bien le même que j'ose proposer cette assimilation. Un de mes deux échantillons des madrépores présente même une particularité qui parfait sa ressemblance avec l'échantillon de Cazeneuve : le tube se replie sur lui-même, de manière à se souder à lui-même et à *se cotoyer* dans toute la longueur de l'échantillon ; cette disposition se répète dans plusieurs parties de la figure du *Dofan* d'Adanson.

Une grave objection, je le sais, peut m'être faite : une espèce qui vit habituellement *en dehors* des corps marins auxquels elle adhère, peut-elle vivre *dans l'intérieur* de ces mêmes corps?

Eh ! pourquoi non, quand il s'agit d'une coquille dont l'accroissement est *indéfini*, qui peut s'être développée *à la surface* du polypier, puis y avoir été *enterrée* par l'accroissement de celui-ci, et qui n'a eu qu'à allonger son tube pour conserver toujours ses rapports avec le monde extérieur, indispensables à son alimentation, à sa vie?

Certes, il n'en serait pas de même de l'autre espèce de Vermet, plus grêle et qui n'a *d'autre sorte d'ornementation extérieure* que ses rides d'accroissement, — qui traverse de part en part et dans tous les sens la masse madréporique et qui enfin, par ces deux caractères, affirme sa qualité de mollusque *réellement* perforant, tandis que l'*arenarius*, forme D *sulcata*, conserve les restes bien caractérisés de son ornementation extérieure, ne s'enfonce pas profondément dans le madrépore, et ne peut réclamer que le titre de mollusque *pseudo-perforant*. Au résumé, je propose d'établir sa synonymie comme suit, après les deux noms spécifiques généraux qui sont en tête de cet article :

(54)

Forma D *sulcata* Lam.

Serpula sulcata Lam. 22; Edw. *in* Lam. ed. 2ᵃ, V, p. 625
Le *Dofan* Adans. Sénég. p. 164, pl. 11, f. 3.
Vermetus sulcatus Desh. *in* Lam. ed. 2ᵃ IX, p. 65.

Qu'il me soit permis de revenir encore sur le *Vermetus arenarius*
pris dans son ensemble. — Le *Serpula tortrix* Goldf. Petref. t. 1ᵉʳ, p.
242, n° 80, pl. 71, f. 13, *a* (testa), *b* (*nuclei fragmenta*), des terrains
tertiaires de la Bavière orientale et nommément cité par M. Milne
Edwards (*in* Lam. 2ᵉ éd. t. V, p. 632) comme lui paraissant plutôt
Vermet que *Serpule*, offre une si parfaite analogie de taille, de forme et
de faciès avec nos moules de Cazeneuve, que je n'hésite pas à le donner
pour synonyme au *V. arenarius*. Mais la figure de Goldfuss n'étant pas
complétée par une empreinte, je ne puis que placer son nom parmi les
synonymes généraux, ne sachant à laquelle des cinq formes il faudrait
le rattacher.

En terminant, je ne saurais passer sous silence les apparences singu-
lières qu'offrent certaines cassures de notre Vermet, dans ses circon-
volutions à petit calibre, c'est-à-dire plus voisines du sommet organique que ne le sont celles dont le calibre est plus fort.

Dans les parties dures et compactes, souvent subcristallines, qui
forment les concrétions nodiformes si abondantes dans le calcaire de
Bazas comme dans le calcaire à Astéries, les Vermets de Cazeneuve ont
pullulé d'une façon extraordinaire et qui n'est pas uniforme, car on
trouve parfois l'empreinte et le moule tranchant par leur blancheur sur
le reste de la roche et ayant subi une altération qui les attendrit et tend
à les réduire en une sorte de farine.

Dans ces masses compactes, subcristallines ou farineuses, lorsque
les cassures s'opèrent vers un *coude* du tube, — ou quand ce tube, près
du sommet, s'enroule en une spirale plus ou moins régulière, à tours
serrés, on voit au fond de la cassure qui ressemble à un fond de dé à
coudre, les restes de petites cloisons en rayons de roue, mais *courbes*,
partant d'un *moyeu* central ou *noyau* testacé. Le fond de la cassure
ressemble alors à la section transversale d'une coquille polythalame à
cloisons courbes mais écartées l'une de l'autre. Il me semble évident
que cette disposition est due à la multiplicité (plus grande dans les
commencements de la vie du mollusque qui augmente plus rapidement
de volume) des cloisons *forniciformes* qu'il construit à mesure qu'il

abandonne les parties les plus étroites de son tube pour s'en construire
de plus larges. Ces petites voûtes successives, qui deviennent de plus
en plus rares à mesure que l'animal s'élève davantage, en grossissant,
dans l'intérieur de son tube, ne couperaient pas celui-ci selon un plan
horizontal, mais bien selon un plan *oblique*.

Il en est parfois un peu différemment sous ce rapport, et les cloisons
qui forment les rayons de la roue sont peu ou point courbes. Alors, le
tube a un diamètre plus fort, les cloisons sont plus écartées l'une de
l'autre, le plan des coupoles (*fornices*) est moins oblique et devient plus
horizontal ; c'est-à-dire que l'animal a grossi, a *sequestré* au moyen des
cloisons une longueur plus considérable du tube qu'il occupait dans
sa jeunesse, et il est plus près de fournir ces longs trajets presque rectilignes et sans cloisons qui caractérisent son état complètement adulte.

Je n'ai pu trouver aucune autre explication pour rendre raison de
cette disposition singulière, car en supposant que ces cloisons courbes
ou droites et ce petit *moyeu* central fussent formés par la charpente
d'un polypier (d'une *Caryophyllie* par exemple), comment expliquerait-
on l'enchevêtrement de ces deux êtres si différents, et la présence
constante du moule spiralé et de *l'empreinte extérieure* et *striée* du tube
du Vermet, tandis qu'on ne trouve aucune de ces figures *en roues* qui
soient isolées dans la masse calcaire? Ces figures en roue sont très-
fragiles, plus souvent farineuses que subcristallines, et on les brise bien
aisément par l'ébranlement que cause le marteau lorsqu'il frappe la
pierre aux environs des parties qui présentent cette sorte de sections
horizontales.

Puisse cette longue et quelque peu fastidieuse étude, incomplète et
manquant souvent d'authentications précises, — puisse-t-elle faire faire
un pas, si petit qu'il soit, à la connaissance si difficile d'un groupe
encore bien peu étudié! Dans mon modeste rôle de malacologiste
purement spécificateur, c'est le seul but qu'il me soit permis d'avoir en
vue.

Trochus Boscianus Brongn. Vic. p. 56, pl. 2, f. 11 (1823). — Baste-
    rot, p. 33, n° 3. — Grat. Conch. Adour, pl. 1, f. 10, 11. —
    Desh. *in* Lam. éd. 2ª IX, p. 164, n° 13 (*foss*).
Trochus Noæ D'Orb. 1847 ; Prodr. III, p. 7, n° 101 (*falunien*, A),
    Et *Trochus Boscianus*, D'Orb. ibid. II, p. 312, n° 280 (*suesso-
    nien*).
C'est évidemment, selon moi, parce qu'il ne voulait pas admettre

qu'une espèce placée par lui dans le *suessonien* pût se retrouver dans le *falunien* A, que D'Orbigny a institué, dans ce dernier terrain, son *T. Noæ* en lui donnant pour synonyme *Boscianus* Bast. NON Brongn., et ce n'est pas la seule espèce indiquée par Grateloup dans les faluns *bleus*, qui ait eu à subir le même arrêt de disjonction. — Mais la figure donnée par Brongniart et celle donnée par Grateloup s'accordent si bien entr'elles et avec les échantillons de Dax et de Cazeneuve que j'ai sous les yeux, que je n'hésite pas à restituer à l'illustre Brongniart l'intégrale propriété de son élégante espèce. Quant à sa diagnose, elle est obscure et plus digne de critiques que d'éloges ; mais, en la reproduisant dans la 2ᵉ édition de Lamarck, M. Deshayes l'a fait suivre d'une description détaillée, irréprochable sous tous les rapports ; exactitude, clarté, précision, rien n'y manque. J'ajoute seulement que mon meilleur échantillon de Cazeneuve (très-belle empreinte extérieure) est un peu plus grand que la figure de Brongniart et semblable sous ce rapport à celle de Grateloup ; de plus, les stries horizontales du milieu du tour de spire se relèvent en côtes verticales obscurément tuberculeuses, et cela d'une manière encore plus prononcée que dans la figure de Grateloup, tandis que cette disposition est à peine et faiblement indiquée dans celle de Brongniart. C'est sans doute sur cette *nuance* sans importance réelle que s'est appuyé D'Orbigny pour légitimer à ses propres yeux un démembrement qu'il regardait comme *systématiquement* indispensable.

TROCHUS MOUSSONI Mayer, Coq. tert. nouv., *in* Journ, Conchyl. 1861, t. 9, (1ᵉʳ de la 3ᵉ sér.), p. 369, nᵒ 68 ; pl. 15, f. 5, 6. —

Trois ou quatre moules, conservant quelques restes de la couche interne, blanche et farineuse du test ; j'y rapporte aussi les fragments d'empreintes extérieures dont les stries et les granulations sont moins fines et moins régulières que celles du *Monodonta Aruonis* Bast.

M. Mayer a profité de l'occasion que lui offrait l'institution de cette jolie espèce, pour prononcer qu'elle est l'analogue fossile du *T. canaliculatus* vivant, et que, voisine et pourtant distincte de lui, cette forme « est de celles qui PROUVENT (*sic*) que l'espèce n'est pas créée, mais » qu'elle naît de la *métamorphose* RAPIDE (*sic*) d'un type préexistant, » due à un changement BRUSQUE (*sic*) dans les conditions d'existence de » ce type » (l. c. p. 370).

Voilà une bien grosse conclusion, tirée d'un bien petit sujet ! Mais ce n'est pas ici le lieu d'essayer de la discuter, et je me borne à dire que, selon moi, les quatre caractères détaillés par M. Mayer pour la distinction spécifique de son *type* fossile et de l'analogue vivant de celui-ci, et surtout la comparaison des individus fossiles et des individus vivants (qui, les uns et les autres, offrent des variations fort sensibles), sont parfaitement suffisants pour établir la circonscription de deux *bonnes* espèces, sans avoir recours à ces éternels changements de masque que le Darwinisme met d'autant plus facilement à la mode, qu'il est plus malaisé d'en démontrer la réalité.

MONODONTA MODULUS (Lam.)? Basterot, p. 32, n° 2 (non figuré). — D'Orbigny n'en fait pas mention dans le Prodrome, non plus que les autres ouvrages que j'ai sous les yeux.

Cette détermination, je l'avoue, est un peu hardie; mais je la crois applicable à un moule recueilli par M. Linder et qui présente des nodosités analogues à celles d'une coquille de Mérignac et de Martillac dont j'ai sous les yeux cinq individus et que, depuis plus de 30 ans, je rapporte à l'espèce de Basterot. Il n'est pas probable qu'elle doive conserver le nom de Lamarck (espèce *vivante* et que je n'ai pas sous les yeux); mais la description de Lamarck lui conviendrait assez bien, et mieux encore celle de Basterot. Le moule de M. Linder renferme encore la baguette isolée et tordue qui remplit l'espace laissé libre par le profond ombilic de la coquille vivante.

Ainsi qu'il arrive souvent pour les coquilles sillonnées fortement, côtelées et tuberculifères, celle de Mérignac et Martillac est peu constante dans la distribution et la proportion de ses ornements extérieurs. Je crois pouvoir lui rapporter avec quelque confiance une empreinte extérieure (représentant la moitié de la coquille coupée verticalement du sommet à la base) que j'ai recueillie également à Cazeneuve; ses tubercules et ses stries sont très-nets, et sa longueur totale est d'environ 6 millim. Si le moule de M Linder était bien complet, il en mesurerait au moins 9 ou 10, et mes cinq échantillons entiers, pourvus de leur test (Mérignac et Martillac), sont longs de 5, 6, 7, 11 et 20 millimètres.

MONODONTA ARAONIS Basterot, p. 32, n° 3; pl. 1, f. 17. — Hœrnes, Bass. Vienne, I. p. 436, n° 1; pl. 44, f. 7 *a, b, c*. — Gratel. Conch. Adour, pl. 1, f. 3, 4. —

Trochus Araonis D'Orb. Prodr. III, p. 41, n° 638, (*falunien*, B).

Un seul moule, bien caractérisé par l'impression qu'a laissée la dent saillante dans l'ouverture. Je crois aussi qu'on doit lui rapporter quelques fragments d'empreintes extérieures dont les stries et les granulations sont à la fois plus délicates et plus régulières que celles du *Trochus Moussoni* May.

Phasianella subpulla? D'Orb 1847; Prodr. III, p. 46, n° 748 (*falunien*, B).

> *Phasianella pulla?* Grat. Conch. Adour, pl. 1, f. 35, 36; non Payraud.

Je ne crois pas que ce petit moule soit rare dans le calcaire de Cazeneuve; mais il est si petit, si facile à briser ou à confondre avec d'autres fragments de spires, que je n'ai pu en conserver qu'un adulte et un très-jeune; j'en ai perdu un, intermédiaire aux deux autres. Un objet d'aussi faible dimension et sans ornements extérieurs, est toujours trop obscur pour que j'ose affirmer la justesse de ma détermination.

Turritella Desmarestina Basterot, p. 30, n° 8; pl. 4, f. 4 (*optima*). — Grat. Conch. Adour, pl. 2, f. 9, 11 (*malæ!*). — D'Orb. Prodr. III, p. 5, n° 64 (*falunien*, A).

Cette belle espèce est très-variable dans les détails de son ornementation, ainsi qu'il conste de deux individus qui m'ont été donnés par feu Billaudel et qui, pourvus de leur test, proviennent des faluns d'Uzeste (non loin de Cazeneuve). A Cazeneuve où elle est assez commune, nous n'avons que le moule et l'empreinte extérieure faiblement accentuée parce qu'elle se trouve dans les parties les plus grossières et les plus *lâches* du calcaire blanc-jaunâtre.

Turritella simplex Grat. Tabl. foss. Dax, n° 258 — D'Orb. Prodr. III, p. 5, n° 63 (*falunien*, A).

> *Turritella varicosa, β minor* Grat. Conch. Adour, pl. 2, f. 8 (*saltem mediocr.*); exclude var. A (T. *varicosa* Grat. Tabl. n° 257; Conch. Adour, pl. 2, f. 7; non Brocchi!)

Empreintes assez bien accentuées.

Turritella marginalis? Brocchi, p. 373, n° 13; pl. 6, f. 20. — Grat. Tabl. n° 245, et Conch. Adour, pl. 1, f. 11. — Hœrnes, Bass. Vienne, I, p. 428, n° 8; pl. 43, f. 4 (non Brocchi, *ex* D'Orb).

> *Turritella submarginalis?* D'Orb. 1847; Prodr. III, p. 4, n° 48 (*falunien*, A).

Fragments de moules en tirebouchon assez lâche, avec une seule empreinte trop difficile à bien apprécier à cause de sa très-petite dimension, pour que j'ose donner cette détermination comme certaine.

Cerithium plicatum? Brug. — Basterot, p. 55, n° 5. — Grat. Conch. Adour, pl. 2, f. 19. — Hœrnes, Bass. Vienne, I, p. 400, n° 13; pl. 42, f. 6.

> *Cerithium subplicatum?* D'Orb. Prodr. III, p. 80, n° 1467 (*falunien*, B).

De même qu'à Bazas en 1866, les fragments de moules et d'empreintes que nous avons trouvés assez communément à Cazeneuve en 1867, proviennent d'individus trop petits ou trop brisés pour que j'ose rien affirmer, surtout quand il s'agit d'un groupe aussi obscur que celui des *C. plicatum, cinctum* et *inconstans,* lesquels, au dire de M. de Basterot lui-même, "se fondent l'un dans l'autre." En cet état, et avec de pareilles dimensions, je crois pouvoir ajouter à ce groupe indéchiffrable le *C. papaveraceum,* dont les individus complets sont pourtant bien distincts; mais nous n'en avons trouvé aucun. Le calcaire à *Ostrea producta* d'Uzeste contient en très-grande abondance des fragments de moules avec restes d'empreintes, de l'espèce douteuse qui fait l'objet de cet article. (M. Linder).

PLEUROTOMA RAMOSA Basterot, p. 63, n° 4; pl. 3, f. 15. — Grat. Conch. Adour, pl. 1, f. 21, 22, 23. — Bellardi, mon. Pleurot, 1847, p. 22, n° 9, pl. 1, f. 7.
> *Pl. reticulata* (Brocch.) D'Orb. Prodr. III, p. 60, n° 1049 (*falunien,* B).

Calcaire de Bazas, à Uzeste, dans les parties les plus dures et subcristallines de la roche; un moule interne en très-bon état, avec indices d'empreinte, recueilli par M. Linder. — J'en possède un moule absolument pareil et de même dimension (environ 20 millimètres), que j'ai extrait du falun sableux de Gradignan (11 kilomètres de Bordeaux, banc jadis exploré par D'Argenville) et qui s'est aussi bien conservé que s'il eût été tiré d'une roche solide. — Le test, abondant à Saucats et Léognan, se trouve aussi à Martillac; mais je ne l'ai pas rencontré à Mérignac.

FUSUS MITRÆFORMIS Brocchi (sub *Murice*), p. 425, n° 48 : pl. 8, f. 20. — Grat. Conch. Adour, pl. 3, f. 36, 37, 38 — Hœrnes, Bass. Vienne, I, p. 283, n° 6; pl 31, f. 7.
> *Fusus submitræformis* D'Orb. Prodr. III, p. 66, n° 1183 (*falunien,* B).

Empreinte extérieure d'un jeune individu (et un moule intérieur un peu plus grand, douteux parce qu'il ne laisse pas voir son empreinte). Je dis qu'il est *jeune,* parce que les côtes régulières s'avancent jusques sur le dernier tour visible de cette très-petite mais très-jolie empreinte, tandis que dans mon individu adulte de Dax, et dans les figures, ces côtes ne dépassent pas l'avant-dernier tour. La fig. 38 de Grateloup me semble représenter parfaitement le fossile de Cazeneuve, que je place ici parce qu'aucune coquille bucciniforme ou fusiforme à moi connue ne présente des côtes et des stries aussi fines et aussi régulières.

Contrairement à l'opinion exprimée par D'Orbigny, M. Hœrnes ne sépare pas l'espèce de Grateloup de celle de Brocchi, et je crois qu'il a raison.

MYRISTICA CORNUTA Agassiz.

> *Fusus cornutus* D'Orb. 1847 ; Prodr. III, p. 67, n° 1193 (*falunien*, B).
>
> *Pyrula melongena* Basterot, p. 68, n° 4. — Grat. Conch. Adour, pl. 1, f. 1, 7, et pl. 3, f. 12, 15 ; NON Lam.
>
> *Pyrula cornuta* (Agass.) Hœrnes, Bass. Vienne, I, p. 274, n° 7 ; pl. 29 et 30, entières.

Un énorme moule (plus de 20 centimètres) obtenu en trois morceaux, dans la carrière de Cazeneuve, par M. Albéric de Berjon. C'est la première fois qu'on constate un moule de cette espèce dans nos calcaires *solides* ; sa taille énorme a fait tomber d'accord tout le monde au sujet de cette détermination qui n'a pu être contrôlée dans ses détails, parcequ'on n'a pas été à même de recueillir l'empreinte extérieure.

Je profite de cette occasion pour appuyer de toutes mes forces, ne fût-ce que dans l'intérêt de la pratique paléontologique, sur la nécessité de purger le vieux genre *Pyrula* des éléments évidemment hétérogènes (même au point de vue *zoologique*), que Woodward y a laissés à l'exemple de Lamarck.

Les *Pyrules-figues* doivent seules rester dans le genre, pour qu'il soit homogène : elles n'ont pas d'opercule.

D'Orbigny a rapproché avec raison, du genre *Murex* qui a un opercule, les *Pyrules-bécasses* (*P. spirillum* etc).

M. Deshayes, *in* Lam. éd. 2ᵃ, IX, semble approuver ce rapprochement, ainsi que la limitation du genre *Pyrula* proprement dit, mais il voudrait associer aux *Murex* dont il a l'opercule, le sous-genre *Myristica* (établi comme genre par Swainson) qui renferme le *P. melongena* Lam. et les autres Pyrules *muriciformes*. Qu'on les en rapproche tant qu'on voudra, ce sera sans inconvénient, mais pourvu qu'on ne les confonde ni avec les Rochers, qui ont des varices, ni avec les Fuseaux qui n'ont plus de raison d'être, s'ils sont privés de queue. Je crois donc que le genre *Myristica* de Swainson doit être admis dans la nomenclature, et que les *Bécasses* ont le même droit à une distinction générique, soit *Haustellum*, soit *Spirillus*.

Je rappelle ici que nous avons trouvé dans les rochers de St-Vivien, vis-à-vis Bazas, en 1866 (voir notre procès-verbal de la 49ᵉ fête Linnéenne), une très-belle empreinte du *Myristica Lainei* Bast. (sub *Pyrulâ*), D'Orb. Prodr. (sub *Fuso*); nos deux grandes espèces des faluns sont donc représentées dans le *calcaire de Bazas*.

TRITON SUBCORRUGATUM? D'Orb. 1847 ; Prodr. III, p. 77, n° 1424 (*falunien*, B).

> *Triton corrugatum?* Grat. Conch. Adour, pl. 1, f. 18, 19 ; NON Lam. —

> *Triton doliare?* Basterot, p. 61, n° 1 ; NON Brocchi.

Un seul fragment de moule, d'une pureté de contours admirable dans ce qui s'en est conservé, mais tellement incomplet qu'il me reste beaucoup de doutes quant à l'espèce, tandis qu'il n'en peut rester aucun quant au genre. La columelle paraît droite et lisse, et l'intérieur du bord droit est orné de très-gros tubercules mousses.

Genre CHENOPUS?

Deux espèces distinctes, mais évidemment du même genre, ont été découvertes en juillet 1867 à Villandraut, par notre infatigable secrétaire général M. Linder, empâtées, tout près l'une de l'autre, dans des parties fort dures et subcristallines du *calcaire de Bazas*.

Ces fossiles, qui y paraissent assez communs et ne s'y sont montrés jusqu'ici que sous la forme d'empreintes lisses et vides de leur moule pour l'une des espèces, mais conservant encore, dans l'autre espèce, quelques fragments du moule, — ces fossiles, dis-je, constituent à mes yeux l'une des deux formes génériques les plus extraordinaires qui, depuis bien longtemps, aient été rencontrées dans les terrains tertiaires.

De même que le *Pereiræa Gervaisii* Crosse, du Portugal, avait été pris, au premier aspect par son inventeur pour un Pleurotome, la première impression que j'ai reçue de l'examen de la première des deux espèces de Villandraut, m'a poussé à la regarder comme un Pleurotome de la section des *coniformes* (*Genei, filosa, lineolata, Gratelupii,* etc). Je confondis même, d'abord, avec elle, la seconde espèce qui est plus courte, plus globuleuse, et ce ne fut qu'après avoir soumis les échantillons au contrôle de MM. Raulin, Souverbie et Linder, que je reconnus que ces Messieurs avaient raison d'y voir deux espèces évidemment congénères, et représentées chacune par deux échantillons.

En outre du galbe général de ces deux coquilles, *coniforme* chez la première, *naticiforme* chez la seconde, elles sont distinguées encore par la forme du canal de leur suture. M. Raulin a observé que le fond de ce canal est étroit et en forme de gouttière chez l'une, plus large et plat chez l'autre.

Après avoir ainsi profité des observations attentives et délicates de mes collègues, j'en viens à l'exposition du singulier caractère générique que j'avais reconnu dans ces deux coquilles, dont la longueur est comprise entre 15 et 20 millimètres.

L'apparence de sinus qui m'avait d'abord conduit à les rapprocher des Pleurotomes, fut précisément ce qui me décida bientôt à les en éloigner et à chercher ailleurs leurs affinités ; car le sinus des Pleurotomes coniformes est toujours *triangulaire* et *très-évasé*, tandis que l'échancrure du bord droit de nos fossiles de Villandraut montre des bords *rectilignes* comme chez les Pleurotomaires, et est exactement *contiguë* à la suture étroitement et profondément canaliculée.

Une fois ce premier pas fait, je m'aperçus bientôt que le vide simulé par cette échancrure dans le bord droit aboutit à un autre vide *extrà-marginal* dans la roche qui sert de gangue à l'empreinte, — c'est-à-dire que ce vide tient la place d'une portion *appendiculaire* du moule interne, portion extérieure et parallèle au bord droit de l'ouverture, et dont l'ensemble devait représenter un *marteau à manche très-court*, dont l'axe vertical (la tige) serait perpendiculaire à celui de la coquille.

Ceci constaté, j'ai dû en conclure que cet appendice du moule était nécessairement enveloppé par un appendice du test maintenant dissous, et que cet appendice était détaché du bord droit dans le test comme dans le moule ; — enfin, que le lobe de marteau correspondant à la base de la spire devait être une sorte d'aile remontant vers le sommet de cette spire, tandis que le lobe correspondant à l'origine de la queue de la coquille, devait jouer le même rôle du côté opposé, c'est-à-dire descendant vers cette queue.

Il devenait donc évident que je n'avais nullement affaire à un *sinus* de Pleurotome, mais bien à un *appendice saillant* du bord droit, comme on en trouve dans tant de coquilles de la famille des *ailées* de Lamarck ; en conséquence, mon fossile devait être classé, selon toutes les probabilités, comme le *Pereiræa* dont je parlais tout à l'heure, dans la famille actuelle des *strombidés*.

J'ai employé, presque inutilement, un temps très-long à rechercher dans tous les recueils paléontolgiques que je puis consulter (et qui sont au nombre de onze) (1), une forme de coquille qui fût analogue à celle que j'avais sous les yeux.

Le moule du *Pterocera atractoides* Eud. Deslongch., de la grande oolite (mémoires de la Soc. Linn. de Normandie, t. 7, pl. IX, f. 7, 8, publié de 1839 à 1842) m'a offert une analogie très-éloignée dans la *position*, mais non dans la *forme* d'un appendice de ce genre : la comparaison ne saurait être poussée plus loin.

Avec une forme *générale* bien plus différente encore, mais avec un rapprochement plus marqué dans la forme *particulière* de l'appendice, je signalerai le *Rostellaria carinata* Mantell, du gault (*in* D'Orbigny, Paléontol. franç. crétac. t. 2, pl. 207, f. 2), espèce qui appartient maintenant au nouveau genre *Alaria*. Si, par la pensée, on réduit presqu'à rien le *manche* et si l'on tronque les *lobes* du *marteau* que forme l'appendice de cette coquille, on se fera une idée approximative de l'apparence que devait offrir le bord droit de l'ouverture du genre découvert à Villandraut.

Je reconnais qu'il existerait encore un autre moyen d'expliquer cette singulière figure *de marteau* : il consisterait à la considérer comme un *vide malléiforme* creusé dans l'épaisseur du bord droit, — épaisseur souvent énorme chez les strombidés et en particulier chez le *Chenopus pes-pelecani* (espèce vivante de nos côtes). Dans ce cas, il pourrait ne pas exister d'appendice *détaché du bord*. — Comment choisir entre cette explication et celle qui précède ? Je ne vois, dans les quatre échantillons soumis à mon examen, rien qui puisse déterminer une préférence de ma part.

Je ne pourrais donc ni faire figurer correctement ces fossiles, ni construire leurs diagnoses ou leur imposer des noms, que si nous venions à en obtenir de meilleurs échantillons ; je n'oserais même me porter garant que ceux que j'ai étudiés ne me tiennent pas caché quelque caractère qui nécessiterait un autre classement, ou la création d'un genre nouveau. Il me semble pourtant que les deux espèces devront rester dans

---

(1) Mém. Soc. Géol. de Fr., 12 vol — Mém. Soc. Linn. de Normandie, 11 vol — Journal de Conchyliologie, Fossiles tertiaires nouveaux, par M. le dr C. Mayer. — D'Orbigny, *Paléontologie Française*, Terr. jurassique et crétacé. — Dubois de Montpéreux, *Bassin volhyni-podolien*. — Sandberger, *Bassin de Mayence*. — Hœrnes, *Bassin de Vienne*. — Brocchi, *Conchyliologie fossile subapennine*. — Bellardi et Michelotti, presque tous leurs ouvrages sur les fossiles tertiaires d'Italie. — Matheron, *Catal. des foss. des Bouches-du-Rhône*. — Isaac Lea, *Fossiles tertiaires de l'Alabama*.

le groupe si souvent remanié des *Pterocera, Rostellaria, Chenopus, Alaria*. Les *Pterocera* sont maintenant limités aux espèces dont les appendices sont digitiformes, cylindroïdes et diversement *courbés*. Notre genre fossile semble absolument privé de la queue des *Rostellaria*, comme de la spire élancée des *Alaria*. En un mot, son *galbe* çoniforme et subfusoïde, ou naticiforme et presque subglobuleux le rapproche spécialement du genre *Chenopus* où, faute de mieux, je crois pouvoir proposer, quant à présent, de lui donner une place tout à fait *provisoire*; mais quel que soit le genre auquel il devra être définitivement rattaché, il sera juste de donner pour nom spécifique à l'une ou à l'autre espèce, celui de leur inventeur (*Linderi*). — (13 Janvier 1868).

Nassa asperula Brocchi (sub *Buccino*), p. 339, n° 23; pl. 5, f. 8. — Defrance. — Basterot, p. 49, n° 2. — D'Orb. Prodr. III, p. 83, n° 1540 (*falunien*, B).

    Buccinum incrassatum Muller. — Hœrnes, Bass. Vienne, I, p. 148, n° 10; pl. 12, f. 16 *a*, *b*, *c*.

    Buccinum asperulum (Brocchi), var. *c. pulchella* Grat. Conch. Adour, pl. 1, f. 33.

J'en ai aperçu plusieurs empreintes plus ou moins caractérisées et toujours petites, mais je n'ai réussi à en conserver qu'une bien nette; et pourtant la coquille est fort commune dans nos faluns.

Nassa Caronis Brongn. Vic. p. 64, pl. 3, f. 10. — D'Orb. Prodr. II, p. 320, n° 423 (*suessonien*). — Hœrnes, Bass. Vienne, I, p. 139, n° 1; pl. 12, f. 1, 2, 3.

    Eburna spirata Basterot, p. 48, n° 1; non Lam.

    Eburna spirata et *Brugadina* Grat. Conch. Adour, pl. 46 (1re du suppl.) f. 6, 11.

    Buccinanops eburnoides, spiratum et *Brugadinum* D'Orb. Prodr. III, p. 87, n°ˢ 1622, 1623, 1624 (*falunien*, B).

Une magnifique et complète empreinte extérieure *de la spire* d'un gros individu a été recueillie par M. Linder, et j'ai obtenu le moule d'un petit individu de la même espèce. Je ne la possède pas de Mérignac; mais j'en ai un petit individu entier, de Martillac; or, on sait qu'en outre du falun *de Léognan*, la commune de Martillac en renferme (dans l'ancien domaine de M. Von Hemert) d'absolument identiques aux faluns de Mérignac. En somme, avec ou sans son test, à Dax comme à Bordeaux, cette intéressante espèce est rare.

Bordeaux. — Imp. de F. Degréteau et Cie.

www.ingramcontent.com/pod-product-compliance
Lightning Source LLC
LaVergne TN
LVHW022328170726
843503LV00006B/2767